李娟的
语文世界

王惠 著

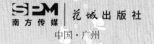

SPM
南方传媒 | 花城出版社
中国·广州

图书在版编目（CIP）数据

李娟的语文世界 / 王惠著. -- 广州 ：花城出版社，
2024. 12（2025. 6重印）. -- ISBN 978-7-5749-0369-2

Ⅰ. G633.302

中国国家版本馆CIP数据核字第2024U910N6号

李娟的语文世界
LI JUAN DE YUWEN SHIJIE

王惠/著

出 版 人	张　懿	
责任编辑	周思仪　王子玮	
责任校对	汤　迪	
技术编辑	凌春梅	
封面设计	日光 BRILLIANCE	
出版发行	花城出版社	
经　　销	全国新华书店	
印　　刷	佛山市迎高彩印有限公司	
开　　本	880毫米×1230毫米　32开	
印　　张	7　1插页	
字　　数	120,000字	
版　　次	2024年12月第1版　2025年6月第2次印刷	
定　　价	39.80元	

联系电话：020-37604658　37602954

这里是偏远荒寒但却辽阔壮丽的北疆

这里有辗转游徙但却欢舞高歌的牧民

在这里，李娟跋山涉水，用灵心奏响弦歌

在这里，李娟栉风沐雨，用妙笔书写史志

——题 记

目　录

I

中学生阅读李娟的N种理由

王 惠

最早接触李娟的文字，是在初到广州的2013年三四月间。当时我从华东师范大学中文系博士后流动站出站，而我所供职的云南民族大学那个学期没有安排我的课，由此获得了一段空闲的时间，于是来到广州。一日逛到位于小北路的新华书店，看到了一本李娟的书——《走夜路请放声歌唱》，因为喜欢这个书名，也喜欢封面上被阳光镀白和照亮了的雪地和草棵，我买了这本书。一读之下，感觉不经意间邂逅了一位运用文字的天才。跟"从小被目为天才，除了发展我的天才外别无生存的目标"的张爱玲不同，李娟历经苦难，这是一种文明社会给予底层民众的苦难，是北疆辽阔的自然风光和哈萨克族牧民紧贴大地的生活拯救了她——只要你是一个诚实的劳动者，这片大地就敞开怀抱收容、接纳、抚慰、安顿；同时也是运用文字的天赋拯救了她，她用文字记录生活，用文字超度苦难。

此后我便一直追踪李娟的作品，也向很多人推荐李娟的作品。上高一的女儿要在班级读书会上分享作品，我推荐了

《离春天只有二十公分的雪兔》，李娟的文字俘获一众少年男女的心。读到《一个普通人》，忍不住拉先生共读，李娟的文字让一位中年男子折服。就这样从身边的人开始，李娟的文字沿着以我为中心的"差序格局"慢慢向外渗去。

周国平曾说："天才的诞生是一个超越于家族的自然事件和文化事件。在自然事件这一面，毋宁说天才是人类许多世代之精华的遗传，是广阔范围内无血缘关系的灵魂转世，是钟天地之灵秀的产物，是大自然偶一为之的杰作。"李娟就是如此，她用灵动的文字写壮阔的风景、厚重的生活、深刻的感悟，这种张力紧紧地牵引着、拉拽着她的读者，包括在电子时代成长起来、与文字并不天然亲近的中学生。

关于"当代经典"

让我们先从语文学科的课程性质开始，厘清其中的基本概念，从而更好地建构起讨论当代经典和语文学习的话语平台。

众所周知，语文是一门学习国家通用语言文字运用的学科，这里有三个基础的关键词——语言、文字和国家通用；还有一个重要的关键词——运用。我们先来说说三个基础的关键词，其中语言是以语音为物质外壳、以词汇为建筑材料、以语法为结构规律的一种符号系统，而文字是记录语言的书写符号系统，至于国家通用语言文字是指现代汉语普通话和规范汉字。汉语是中国境内使用人数最多的语言，也是世界上作为母语使用人数最多的语言，是联合国六种正式工作语言之一。现代汉语有标准语（普通话）和方言之分，其中普通话以北京语音为标准音，以北方话为基础方言，以典范的现代白话文著作为语法规范。规范字是指经过整理简化并由国家正式公布的简化字与传承字。至于"运用"这一重要关键词，我们将在后面必要的时候加以阐释。

一般而言，国家通用语言文字是我们在生活中使用的符号，也是其他学科学习需要凭借和使用的符号，所以语文学科学习的渠道不只是语文课本和语文课堂，我们在生活中随时随地都在学习国家通用语言文字及其运用之道与术，这也是"大语文"观念和实践的学理基础。然而，细想一下，我们会发现，生活中的语言文字运用往往是不规范的，人们通过语言文字传输的也不乏低级趣味和错误认知，这样一来，我们在语文课本和语文课堂学习的规范语文，很有可能在"大语文"观念指导下的语文学习过程中被消解。事实上，我们的语文学习，常常要与在生活中习得的错误用法、低俗趣味和偏颇见解对抗，并且常常败下阵来。

语文学习的难度不止如此，作为一门学习国家通用语言文字运用的学科，我们学习的对象却并非一个个语言符号和文字符号，我们学习的内容（或者说载体）是文本，我们是在文本阅读活动中积累语言文字，习得语言文字运用的规则与技巧，并在文本写作活动中加以运用。文本读写能力是语文学习的内容和目标，也是语文素养评价的基本表征和实施路径。也就是说，语文学习不仅需要学习语言文字及其运用的知识，还需要学习文本及其建构的知识，它们都是语文学习中可以迁移和转化的部分，是语文学科的公式和定理，是语文学科和语文学习的底层逻辑，但这些知识在我们的语文课本和语文课堂上并不具备或者说并不完备、不成系统，知识的含混模糊以及由此带来的文本读写活动的个别性和经验性路径及其成果，多年来一直是语文课本的现状和语文课堂的常态。

因此，吕叔湘先生四十多年前所说的语文学科教与学的"少、慢、差、费"就成为不可避免，当前的语文教学改革以不断创新教学内容和教学方式为抓手，却仍然忽略了文本这一语文学习的重要载体，忽略了语言文字和文本知识及其图式的建构与落实。对于基础教育阶段的学科学习来说，与其说创新不够，不如说落实不够，所有的创新都应该是为了更好地落实，不能落实的创新是没有价值的，只会带来更多的问题。

当然，当前的语文教学改革虽然没有抓住"文本"这一核心要素，但却设计了更多的阅读任务和阅读活动，学习任务群尤其是整本书的阅读与研讨学习任务群便成为横亘在师生面前的学习难关，以至于"一英里宽一英寸深"的学习活动和课堂教学越发多见。

毫无疑问，我们需要更多的阅读，但应该是更加贴近学生生命情境和生活体验的好文本的阅读，应该是明确地知道阅读力的内涵和外延的阅读。实际上，正如叶圣陶先生所言，课本、课文都只是例子，我们通过这些文本范例学习语言文字运用的公式和定理，并在文本写作这一语言文字运用活动中检阅学习成果。明确了课本、课文在语文学习中的功能，我们就能明确：课本上的课文固然经典，但因为受限于各种各样的编选要求，未见得都是能够充分呈现现代汉语之美、能够关联学生当下生活、能够吸引学生阅读的文本，如果有更多不仅规范，而且学生乐意阅读的好文本进入学生的阅读视域和语文学习，其效用肯定是正向的。

我把这一类在题材内容上反映当下生活、在主旨意图上表达当代追求、在艺术形式上有所创新，并由此更加充分地呈现现代汉语之美、能够吸引学生阅读的文本叫作"当代经典"。我渴望有更多的当代经典为学生所阅读和学习，并寄望于以此拉动学生阅读力和以阅读力为核心的语文素养的提升。

关于李娟

现在来说李娟。李娟的作品是我首先找到并确认的"当代经典"之一。还记得2016年下半年我到基础教育领域担任语文学科教研员伊始，在课堂观察中发现学生在语文学习上存在两大误区：第一是不读经典，如果他们的课桌上摆放有课外的读物，那大多是《故事会》《意林》《读者》之类的杂志，即使有整本书，那也多为《十宗罪》或东野圭吾的书；第二是惯于刷题，尤其是高三的复习备考课，基本是在不明不白地做题中度过，对文本并不关心，在文本解读和解题上均不求甚解，以量取胜。针对这种情况，我做了一个"经典以练促读"的尝试，用大家公认的、经过时间考验的传统经典作品作为命题素材，把经典作品变成题，该项目应该在一定的范围内发生了作用。其时适逢基础教育改革，"整本书阅读与研讨"成为高中语文新课标规定的第一个学习任务群，在多部整本书经典作品进入义务教育阶段语文统编教材的基础上，《乡土中国》和《红楼梦》也随之进入高中语文统编教材，整本书成为学生语文学习的内容。这几年我也会到课堂上去大量地尝试，探索整本书经典作品的课程化之路，探索当然也会收到一定的效益。但总体上说来，这些作用和效益远不如一个发现重要，这个发现是一个不可回避、必须正视的事实：传统经典因为远离学生的当下生活、远离学生的生命体验，只能作用于那些与生俱来亲近文字者，或者已经尝到了阅读乐趣的人，或者那些自觉的和坚定的学习者，是不能较大面积地收获语文学习效能提升的目标的。按照叶圣陶先生的"例子说"，明白教材编写的特定要求，我们完全可以、而且很有必要找一些"当代经典"来打开学生的阅读之门，帮助学生学习。

我所找的"当代经典"题材类型有三种：生态、科幻和校园。李娟的作品属于第一种类型——生态。毫无疑问，人与自然的关系问题是人类文明永恒的话题，生态问题是人类文明当前面临的最重要的现实问题。我在读博时期做文艺学跨学科研究，具体的研究方向便是生态文艺学，对李娟的关注也始自那一时期。

李娟是一个很特别的作家，她在中国北疆与哈萨克族牧民一起生活，这种特殊的经历赋予她特别的题材、特别的感悟和思考、特别的写法和风格，那种独特的宏阔与细微、明亮与暗沉、热切与羞怯、灵动与沉重所形成的美学张力带给读者特别的阅读享受，使得她在文坛异军突起，成为一名独特的、优秀的专业作家，获得了包括鲁迅文学奖、人民文学奖在内的很多文学奖项。

李娟以写散文为主，她至今出版了十部散文作品，其中五部短篇散文集，五部长篇散文。我们可以把李娟的散文作品分为三组：

第一组是她的早期作品，包括《九篇雪》《阿勒泰的角落》《我的阿勒泰》《走夜路请放声歌唱》四部散文集，这些作品虽然写了很多北疆风光和哈萨克族牧民生活，但其侧重点在写"我"，写"我"的经历和见闻、感受和思考、困惑和领悟，写"我"——事实上也是许多作家的创作起点。

第二组作品也有四部，这四部集中出版于2012年的非虚构长篇散文，包括《冬牧场》和《羊道》三部曲——《羊道·春牧场》《羊道·前山夏牧场》《羊道·深山夏牧场》。这四部作品侧重写哈萨克族牧民生活。当然，这种对牧民生活的书写以"我"为视角、在"我"的参与中展开。

第三组作品是2017年出版的《记一忘三二》和《遥远的向日葵地》，如果说李娟的第一组作品是写"我"，第二组作品是写游牧民族，第三组作品便可以说是写生活本身，写由生活构成的文明，由生活呈现的文明。

我们知道，散文是非虚构的文学作品，其中"非虚构"是针对散文的内容来说的，散文"形散神不散"，其材料真实而又丰富。散文的非虚构特点和真实而又丰富的材料可以唤起读者对当下生活的敏感和关心。具体到李娟的散文作品，其材料不仅真实而丰富，而且还特别新鲜，李娟书写北疆的风光，书写牧民的生活，这是现代生活中很少有人关注和书写的人类角落、文化边地，却又令人神往、给人启发，这些内容可以打开城市中小学生读者的视域，突破他们相对比较狭隘的生活场域，引领他们看到生活中看不到的远方。

不知道大家是否想到一个问题，那就是既然散文的材料是非虚构的，为什么它不是信息性作品，而是文学性作品呢？答案首先在形式上，散文是"美文"，这种"美"主要体现在语言运用方面，散文非常灵活而又综合地运用语言，运用修辞，运用语言学科学习要求中小学生掌握的那些知识和具备的思维，其中最为典型的就是叙述、描写、议论、抒情和说明五种表达方式的综合运用。因此，阅读散文对于孩子们的语用能力提升、思维水平提升、语文素养提升帮助非常大。

另外，散文"我手写我心"，其情感也是真实而又丰富的，李娟不仅经历和感受独到，而且思考特别深入，情感特别真切，其文字中蕴含着她对牧民命运的关切，对他们的青春、财富、爱情和希望的关注和体贴，也包藏着她对现代生活、现代价值观、现代社会秩序和人类文化的反思。

显然，写作当下题材、表现现代生活的李娟作品是非常好的"当代经典"。阅读李娟的作品，中小学生可以在贴近生活、相对轻松的阅读中扩大视野，不知不觉习得语文知识、提高思维水平、陶冶心性情操、提升语文素养。

如前所述，李娟的作品属于生态类型，作为生态文艺学方向的研究者，我对她的作品有着深刻的认同。我相信，李娟的明亮与辽阔、无边悲伤与顽强崛起，会带给因为深陷于大城市的市声喧嚣和人情淡漠而迷失的读者很多安慰。

不信一起来读读李娟的作品片段。

片段一：

> 天色渐渐亮起来时，车厢里已经坐满了人。但还是那么冷。长时间待在零下二三十度的空气里，我已经冻得实在受不了了。突然看到第一排座位和座位前的引擎盖子上面对面地坐着两个胖胖的老人——那里一定很暖和！便不顾一切地挤过去，硬塞在他们两人中间的空隙里，坐在堆在他们脚边的行李包上。这下子果然舒服多了。但是，不久后却尴尬地发现：他们两个原来是夫妻……
>
> 一路上这两口子一直互相握着手，但那两只握在一起的手没地方放，就搁在我的膝盖上……我的手也没地方放，就放在老头儿的腿上。后来老头儿的另一只大手就攥着我的手，替我暖着。嘴里嘟噜了几句什么。于是老太太也连忙替我暖另一只手。一路上我把手缩回去好几次，但立刻又给攥着了。也不知为什么，我的手总是那么凉……
>
> ——《阿勒泰的角落》之《粉红色大车》

片段二：

　　还有一个两岁的小孩一直坐在我对面，绯红的脸蛋，蔚蓝色的大眼睛，静静地瞅着我。一连坐了两三个小时都保持着同一个姿势，动都不动一下，更别说哭闹了。

　　我大声说："谁的孩子？"

　　没人回答。车厢里一片鼾声。

　　我又问那孩子："爸爸是谁呢？"

　　他的蓝眼睛一眨都不眨地望着我。

　　我想摸摸他的手凉不凉，谁知刚伸出手，他便连忙展开双臂向我倾身过来，要让我抱。真让人心疼……这孩子身子小小软软的，刚一抱在怀里，小脑袋一歪，就靠着我的臂弯睡着了。一路上我动都不敢动弹一下，怕惊扰了怀中小人安静而孤独的梦境。

　　　　　　　　——《阿勒泰的角落》之《粉红色大车》

　　这种极寒天气下、无边沙漠中人与人之间的温情，无比令人动容。

　　后来的日子里，还是会不时取出李娟的作品来读一读。记得有一次读到"给流浪的母亲"系列短文之一《归来》，忍不住诵读出声，等我读毕，回头发现先生伫立身后，早已泪流满面。

如此宏阔而又深情的文字，不就是学生应该阅读的"当代经典"吗？不应该推荐给学生阅读吗？于是，我多次选择以李娟作品命制练习题和模拟题，《阿勒泰的角落》中的《一个普通人》《河边洗衣服的时光》，《走夜路请放声歌唱》中的《乡村话题》《最坚强的时刻在梦里》《最渴望的事》等。同时，也会把诸如《九篇雪》《沙吾列漫无边际的童年时光》等文字选入学生拓展阅读的读本。

接下来便是2017年的初夏，我有一次较长时间的出差行程，便携带了几本文学作品，有小说，有散文，还有诗歌，其中两本散文集分别是李娟和韩少功的。看来看去，还是认为李娟的散文集是非常适合学生阅读的"当代经典"，于是，在书上做了许多圈画和批注，希望能够在推荐时对学生的阅读加以指导，让学生在阅读中汲取更多的语文养分。就是在这一年的6月，李娟作品《我们的裁缝店》进入高考语文试卷，让很多人关注到这位经历特殊、感受力卓绝、文风独到的女作家。

此后，我会把李娟的作品和其他作品进行整合，组织指向深度学习、指向"三思"（思想、思维、思路）提升的专题阅读活动，比如《乡土中国》学习过程中大量有关农业、农村、农民的作品阅读，就加入了《一个普通人》《乡村话题》和《遥远的向日葵地》一书中的多个文本；比如《山羊会有的一生》和广州市中考语文选用文本《一只羊其实怎样》组合阅读；再比如《我们的裁缝店》中的"金鱼"描写和其他文本中相关内容的比较阅读。

我们还养了金鱼，每当和顾客讨价还价相持不下时，我们就请他们看金鱼……

……这样的精灵实在是这偏远荒寒地带最不可思议的梦一样的尤物——清洁的水和清洁的美艳在清洁的玻璃缸里曼妙地晃动、闪烁，透明的尾翼和双鳍像是透明的几抹色彩，缓缓晕染在水中，张开、收拢，携着音乐一般……

——李娟《我们的裁缝店》

一夕，到司机朋友的值班宿舍去闲聊，看到一个长方形的大鱼缸，里面养着四条巴掌大的朱红色的彩鱼，其雄姿逸态让我动容。我问司机朋友这是什么鱼？他搔首木讷地说不清。这我理解，世界上说不清的事很多，全都说得清清楚楚头头是道，反倒是很可疑的。于是，我哈下腰仔细地观察，觉得缸中的两对雌雄绝对不是金鱼，似乎也不是鲤鱼，很像非洲的一种观赏鱼，参差浮游，嫣然流盼，天然的姿态十分好看。

——阿成《羞涩与凶残》

这一比较阅读是在两个引文部分与原文全文的"比异"中实现的"比同",通过比异我们会发现：两位性别不同、取材不同、立意不同、风格不同的作者在对鱼的描写上却有惊人的相似,与他们原文全文的地方化、口语化、通俗化语言整体风格不同,写到鱼,他们不约而同换用了十分优美典雅的词句,这是为什么呢？我想这就是基于物象之美和人对物象之美的审美活动所产生的语言文字运用的特征,这也是我们在不同文本范例的学习中需要逐渐把握的语用规律和人类思维规律。

《李娟的语文世界》就是一本意在指导中学生阅读李娟、在阅读李娟中提升语文素养的书。

第一讲　民族志与心灵史

李娟在中国当代文坛的横空出世，仿佛是为了证明：每一个时代，都有自己赤诚的记录者；每一片大地，都有自己热烈的书写者；每一种生活，都有自己深情的歌唱者。

李娟是个很特别的作家，她祖籍四川乐至，1979年出生于新疆生产建设兵团，早年在新疆、四川两地辗转求生，后随母亲深入北疆牧场，跟着哈萨克族牧民转场游徙，这样的生活经历使她十分熟悉北疆地理风光和自然物候，对哈萨克族游牧中的生产和生活状态、风俗习性也深有感触，这种新鲜而又深入的异质性生活体验成为她早期创作的素材库，使得她一出场就令文坛和读者十分惊艳。她在由老外婆、外婆、母亲和她四代女性构成的家庭环境中长大成人，幼年时便见证老外婆沉寂、孤独、无望的暮年生命图景，亲历其生命烛火的无声熄灭，于懵懂中对生命的悲剧性有所会心；因为一直与比她年长70岁、以捡垃圾为生、一直都在为死亡做着准备的外婆相依为命，对其感情深厚但却无以回报，甚至还要将老病的外婆从故地连根拔起，她长期在极度怜惜其衰老病弱、流离失所的情感中尝试解读和挣脱命运之谜；母亲深爱李娟但却个性强悍，一直过着居无定所的流浪生活，苦苦挣扎于繁重艰难的生计与劳作，在李娟的生命中留下很多缺口和伤痛。这种生命终将沉落、命运难以挣脱、生存无比卑微的悲剧现实给了她独有的眼睛和心灵，让她看见常人所未见、感受到常人所难感受。李娟自己高中辍学，跟着妈妈学做裁缝，她们的生意并不太好，在跟着哈萨克族牧人深入山野、不断转场的过程中，她们还开过小店，做过各种杂活，李娟也曾带着外婆离开深山到乌鲁木齐打工，努力寻找生活的出口，这样的底层生活经历练就了她跟哈萨克族牧民一样顽强的生命力和坚韧的个性。

李娟也是个天才的作家，与生俱来的禀赋与后天生活的积淀共同造就了她，将近20岁时，她开始业余投稿并发表作品。李娟的天才表现在对母语的极度敏感、对语言文字灵活调遣的能力上，她与生俱来的天才的感受力使得她能够从生活中源源不断地取材，她说："常有人替我担心：人的经历是有限的，万一把生活写完了怎么办？我不能理解'写完'是什么意思。好像写作就是开一瓶饮料，喝完拉倒。可我打开的明明是一条河，滔滔不绝，手忙脚乱也不能汲取其一二……一想到这个，就有家财万贯的从容感，以及，二十四万个李娟也没能淹没我的小小得意。"（《记一忘三二》之《李娟记（代自序）》）她与生俱来的天才的判断力使得她明白这些材料的价值并懂得如何使用这些材料，如何把自己源源不断的感受和创意融入其中；她与生俱来的天才的表达力使得她总有那么多倚马可待的词语和句子要奔涌而出、撒豆成兵。

李娟的作品一部接着一部，其中最受关注的有一篇：《我们的裁缝店》。为什么呢？因为这是一篇被选作高考素材的真题文本，是一篇被广大语文老师和高中学生反复研磨咀嚼的作品。

让我们先从《我们的裁缝店》说起，解读李娟与哈萨克族牧民水乳交融的深刻关系，也说一说高考语文的选材和用材。

从《我们的裁缝店》说起：李娟与哈萨克族

在城市里，裁缝和裁缝店越来越少了，但在喀吾图，生活迥然不同。这是游牧地区，人们体格普遍高大宽厚，再加上常年的繁重劳动，很多人的身体都有着不同程度的变形，只有量身定做的衣服才能穿得平展。

我们租的店面实在太小了，十来个平方，中间拉块布帘子，前半截做生意，后半截睡觉、做饭。但这样的房间一烧起炉子来便会特别暖和。很多个那样的日子，狂风呼啸，昏天暗地，小碎石子和冰雹砸在玻璃窗上，"啪啪啪啪"响个没完没了……但我们的房子里却温暖和平，锅里炖的风干羊肉溢出的香气一波一波地滚动，墙皮似乎都给香的酥掉了。

——2017年高考文本《我们的裁缝店》

2017年，李娟作品《我们的裁缝店》进入高考语文试卷，很多高中语文老师和高中学生在复习备考时了解了李娟的生活，熟悉了李娟的文字，触摸到李娟的艰苦和幸福，同样也感受到牧民的艰苦和幸福。从婆婆拎着的编织袋里掏出三只鸡支付裙子定金的媳妇、做好了小花衬衣却始终凑不出8块钱来取的小姑娘、把不小心烫糊了的衣袖改造成泡泡袖并引领时尚的故事，在李娟的笔下，有声有色，呼之欲出。

文笔的灵动与人物描摹、场景描绘的鲜活是李娟的特色，是李娟写作天分的独特体现，但肯定不是《我们的裁缝店》成为高考选文的主要原因。那《我们的裁缝店》为什么成为高考选文呢？最重要的原因是文中所蕴含的用辛勤的劳动创造美好生活的主题，还有在艰苦的环境中仍然保有对美的敏感和追求，以及"我们"和喀吾图游牧民族之间的和谐关系。《我们的裁缝店》是2017年高考新课标Ⅲ卷的选文，同年新课标I卷所选用的文学类文本《天嚣》就写了在狂虐的大自然中科研人员和蒙古族同胞相互救助的故事。两篇选文在题材内容方面都呈现了和谐美好的民族关系，这也是它们成为高考选文的原因之一。

《我们的裁缝店》选自李娟的散文集《阿勒泰的角

落》，属于李娟的早期作品。李娟的早期作品包括大约于1998—2001年写作、2003年出版的《九篇雪》和写作于2002—2011年、出版于2010、2011年间的《阿勒泰的角落》《我的阿勒泰》《走夜路请放声歌唱》四部作品。这四部作品虽然写作时间和出版时间都相隔数年，但所书写的题材内容、生活场景大体相仿，甚至多有交集。其中《九篇雪》主要写于2000年冬天外婆重病在富蕴县城入院治疗期间；两部"阿勒泰"文集和《走夜路请放声歌唱》主要写于2002—2011年，这一段时间李娟进入阿勒泰地委宣传部上班，有了较多的闲暇时间可以用来写作。虽然所写场景相似，但具体素材和情感基调却大有不同，如果用四个词语形容这四部作品，我会分别用焦虑、明亮、深情、坦然。《九篇雪》是焦虑的，是李娟"极度没有安全感却充满奇异希望的少女时代的真实影像"，是李娟在压抑的生活和苦难的命运中寻找出口的努力，其中充满"尖锐的讲诉""混乱却勇敢的探索与倾诉"，但正是这种"蓬勃野蛮的生命力"使李娟"从童年和青春中赤手空拳闯了出来"。《阿勒泰的角落》是明亮的，因为所述述的对象是"美好"的"游牧地区生活景观"，这是李娟对"独自站在荒野中，努力而耐心地体会着种种美感"的记录，李娟在感受和表达的过程中，已然获得"一点一滴贯穿其间的那种逐渐成长、逐渐宁静、逐渐睁开眼睛的平衡感"。《我的阿勒泰》是深情的，虽然所写的还是过去那个"贫穷、虚荣、敏感又热情"的自己，但这个自己不再被生活和命运中的种种所"困扰"，而是深情于"遥远的阿勒泰角落里的一些寂静、固执的美好"。《走夜路请放声歌唱》是坦然的，虽然这是一本"最为私人"的作品，但李娟已经凭借文字释放了压抑的情感，撬起了"生活的支点"，"打开道路，大步走出"，"仿佛撒下的种子长成了森林"，"又仿佛之前走了多年夜路，走到此时，一切照旧，却已星光大作"。于是，曾经受到的种种恶意和伤害、曾经经历的种种不堪与无助、曾经感受的种种悲伤与压抑、曾经怀有的种种梦想和热情都可以直面、可以写出，李娟在对阿勒泰的书写中获得了疗愈和救赎，疗愈她的，是北疆辽阔的荒野和美好的牧人；拯救她的，是充满神奇力量的文字。

在这四部早期作品中，《九篇雪》意义特殊，作为李娟的处女作，它帮助李娟从铁桶一般的生活和命运中找到了突围的出口；《走夜路请放声歌唱》题材特殊，找到出口的李娟，终于敢于通过文字直面自己的童年创伤；而《阿勒泰的角落》和《我的阿勒泰》两部地位特殊，它们是童年李娟的疗愈之作，也是无数在物质丰裕但精神困顿的现代社会苦苦挣扎的现代人的疗愈之作。

而这一切，与"阿勒泰"三个美丽而又神奇的字眼有关。阿勒泰地处新疆北部阿尔泰山中段，地形地貌复杂，有沙漠分布；气候夏季干热，冬季严寒，极端低温可达零下50多摄氏度。李娟家很多年在阿勒泰的角落里生活，开着一个半流动的杂货铺和裁缝店，和哈萨克族牧民一样跟着羊群南下北上。《阿勒泰的角落》记录的便是李娟这一段生活中的种种经历、见闻和感想；《我的阿勒泰》则是李娟离开阿勒泰之后，对阿勒泰的回想和回归。

《我们的裁缝店》原文有一万余字，除了我们在高考试卷上看到的三个小故事之外，还写了数个哈萨克族牧人的动人的小故事，对于这些亲历的故事，李娟别有感触，并用深情、厚重的文字进行了表达：

我们接收的布料里面，有很多都是很古老的布，有着过去年代的花样和质地，散发着和送布来的主妇身上一样的味道。而这主妇的言行举止似乎也是过去岁月的，有褪色而光滑的质地，静静的，轻轻的，却是深深的，深深的……我们用尺子给她量体，绕在她的肩上、胸前、胯上，触着她肉身的温暖，触着她呼吸的起伏，不由深陷一些永恒事物的永恒之处。……

当地的孩子们小的时候都很白，很精致，目光和小嗓门水汪汪的，头发细柔明亮。可是稍微长大一些后，就很快粗糙了，轮廓模糊，眉眼黯淡。恶劣的气候和沉重的生活过滤了柔软的，留下了坚硬的。

那些美好的生命，那些必然要经历的人生磨难，那些和大地一样古老的、沉静的、在岁月流转中不曾改变的，也正是李娟所深深眷恋的。李娟用这些文字描画北疆大地风光、呈现哈萨克族牧民的生活和风俗，也表达出她对生活的热爱、对文化和传统的思考。她的作品，是哈萨克族的民族志，也是全人类共通的心灵史。

如前，在中国当代作家中，李娟是一个独特的存在。她童年时期在新疆和四川两地过着颠沛流离、居无定所的生活，不知道是不是因为这样独特的经历，她对哈萨克族牧民的动荡生活有着深刻的共情。她的青春芳华在物质极度匮乏和亲情严重缺失中彷徨无着，不知道是不是因为熟悉这样的苦痛和挣扎，她与哈萨克族同胞有着共同的、极其顽强坚韧的个性。她的生活轨迹和哈萨克族牧民深度交集，不知道是不是因为这样的机缘和际遇，李娟深深地理解在大地偏僻的角落里，那些卑微、隐秘但却强烈的梦想，那种对梦想的追求、对命运的隐忍。

新疆北部游牧地区的哈萨克族牧民大约是这个世界上最后一支相对纯正的游牧民族了，他们一年之中的迁徙距离之长，搬迁次数之频繁，令人惊叹。

——《羊道》三部曲自序

从南面的荒野沙漠到北方的森林草原，绵延千里地跋涉。一年三百六十五天，差不多平均一个礼拜搬一次家，几乎得不到片刻停歇……

　　　　　　——《羊道·前山夏牧场》之《去吾塞》

　　李娟不是走马观花、浮光掠影的观光客，也不是苦心孤诣、惨淡经营的淘金者，她是哈萨克族、是北疆大地、是游牧生活和文化的记录者和代言人。"当我还是个八九岁的孩子，就渴望成为作家，渴望记述自己所闻所见的哈萨克世界。这个世界强烈吸引着我，无论过去多少年仍念念不忘，急于诉说。"（《羊道》三部曲再版自序）虽然她是从个人生活出发进行创作，但是她与这片大地水乳交融，她和哈萨克族牧民甘苦与共，她用清新灵动而又深沉博大的文字，为这片土地立传、为哈萨克族立传。

《冬牧场》和《羊道》三部曲：民族志

　　在李娟的作品中，《冬牧场》和包括《羊道·春牧场》《羊道·前山夏牧场》《羊道·深山夏牧场》在内的《羊道》三部曲尤为引人关注。那"空空荡荡的大地""寸草不生的沙丘""漫漫的黄沙""呼呼作响的风"，给我们的感官和心灵带来强烈冲击。"扎克拜妈妈"一家、"居麻"一家，在大地上艰难生存的哈萨克族同胞，给我们的情感和思想带来深深触动。

《冬牧场》和《羊道》三部曲是李娟的第二组作品，这是四部集中出版于2012年的非虚构长篇散文。这四部作品侧重写哈萨克族牧民生活，当然，这种对牧民生活的书写以"我"为视角、在"我"的参与中展开。具体说来，《羊道》三部曲以李娟和哈萨克族牧民扎克拜妈妈一家共处3个月的经历为素材。那是2007年，李娟放弃了机关工作，回到深山之中，进入牧民家庭，参与游牧生活，之后她用3年多的时间完成40余万字的《羊道》三部曲创作。《冬牧场》以李娟跟随哈萨克族牧民居麻一家前往乌伦古河以南约200公里处的冬窝子，在地窝子里生活3个多月的经历为素材，那是2010年冬天，李娟参加了《人民文学》杂志非虚构写作计划。这四部作品是李娟以一名作家的责任心和使命感，以一名文化工作者对创作题材的敏感性和判断力，再次深入荒野而获得的宝贵素材为基础进行的自觉创作，由此，李娟获得了完整的游牧生活体验，也用她的作品为人类文明发展留下了珍贵的文化样本，为我们反思现代化进程、寻找人与自然关系的确切定位提供了独特的现实视角。

如果说李娟此前的创作是自发的，是她的"本我"生命在逐渐被唤醒过程中绽放的绚丽花朵，那么，《冬牧场》和《羊道》系列作品应该是李娟成为一个作家以后自觉的创作行为，是她的"自我"生命在投身社会生活过程中留下的深重印痕。我经常和喜欢李娟及其作品的朋友谈起这些作品，谈到游牧民族居住的毡房和"地窝子"，谈到喝茶、吃肉、互助和歌舞、节庆等种种习俗，谈起高耸峻拔的群山和连绵起伏的戈壁，往往都兴味盎然；说起游牧民族生活的艰辛和游牧民族个性的坚韧，内心则五味杂陈。

> 一个人牵着驼队，孤独、微弱地走在沙漠中。整面大地空空荡荡……前后无人，四顾茫茫……说不出的怅然，又沉静。千百年来，有多少牧人们以同样的心情孤独地经过同一片大地啊。
>
> ——《冬牧场》之《三天的行程》

> 大地是浅色的，无边无际。而天空是深色的，像金属一样沉重、光洁、坚硬。天地之间空无一物……像是世界对面的另一个世界，像是世界尽头的幕布上的世界，像是无法进入的世界。我们还是沉默着慢慢进入了。
>
> ——《冬牧场》之《冬牧场》

在空空荡荡的大地上，在空无一物的天地之间，人的身影是孤独的、微弱的，人的心情也是孤独的、微弱的，但我们还是进入了世界。人的到来给这个世界带来了什么呢？带来了自然的人化，也就是文化，李娟的《冬牧场》和《羊道》三部曲给我们呈现的其实是文明初始时人与自然的关系、人在自然中的情形，李娟用她的文字告诉我们：文化在翻天覆地、改天换地之前，是如何敬天畏地、顺天应地。

阅读《冬牧场》和《羊道》三部曲，我总会联想到迟子建的长篇小说《额尔古纳河右岸》。李娟写的是西北边疆，迟子建写的是东北边疆；李娟写的是哈萨克族，迟子建写的是鄂温克族；李娟写的是长篇非虚构散文，迟子建写的是虚构的长篇小说；李娟真实记录自己跟随哈萨克族家庭游牧、转场、迁徙的经历，迟子建以一位年届九旬的最后一位酋长女人的口吻讲述故事。哈萨克族的生活依赖于羊，鄂温克人与驯鹿相依为命，他们分别循着羊道和驯鹿之道搬迁，在大地的深处，放牧或者游猎，既享有大自然的种种恩赐，也备尝环境的挑战和生活的艰辛；既领受最纯粹的亲情、友情、爱情的甜美滋养，也彷徨于现代化发展带来的变故与冲击。

我所喜爱的两位女性作家——李娟和迟子建——都以少数民族的大地生活为创作题材，都关注着"这个世界正在失去的一种古老而虔诚的、纯真的人间秩序"，你可以说它是原始的，也可以说它是原生态的，但一定是珍贵的，既有作为文化样本的珍贵，也有诠释纯真人性和理想生活的珍贵。在《人类与大地母亲》一书中，著名历史学家阿诺德·汤因比提出，人类文明的起源、发展、相互交往和彼此融合的全过程，其实是在人类与"大地母亲"的相互关系中推进的。散文《冬牧场》和《羊道》三部曲，长篇小说《额尔古纳河右岸》，正是人类与"大地母亲"相互关系的文学表达。哲学家海德格尔说，回归的道路指引我们向前。对于居住在现代都市中的读者朋友们来说，这些作品不仅帮助我们看见远方，不仅拨动我们的心弦，感发我们的生命，而且还引导我们反思现代文明、反思城市病，重建人类与"大地母亲"的亲密关系。

作为一个有敏锐感知和体贴心灵的作家，一个有责任心和使命感的作家，李娟自觉为哈萨克族立传，她采用民族志这一人类学的研究方法和写作文本，这是基于实地调查、建立在人群中第一手观察和参与之上的关于文化的描述，以此来理解社会和解释社会，并给出自己的思考和解答。李娟用自己伟大的行走、非凡的感悟和神奇的表达，为中国北疆游牧民族哈萨克族书写了宝贵的民族志。

李娟和她的作品还让我联想到在撒哈拉沙漠生活过、爱恋过的台湾女作家三毛，她的散文集《撒哈拉的故事》《哭泣的骆驼》等也曾经打动千千万万读者。李娟和三毛一样，都有着自由自在的心灵，都追求无拘无束的行动，都热爱和敏感于美和美的创造，热爱和敏感于文字和文字表达，她们在广袤的天地之间书写个体生命的传奇，并用文字感染和影响千千万万人。

读了这些作品，我们或许会思考，文化是应该像游牧民族传统一样依从自然呢，还是像现代人那样改写自然？我想对此李娟也没有答案，但她用文字告诉我们，无论如何，我们始终要赞美的，是人在自然中创造文化的坚韧，是人在巨大寒冷中用双手掬起的一小团温暖与安宁。还记得《我们的裁缝店》中那个十来个平方的店面吗？尽管"实在太小"了，却在"狂风呼啸，昏天暗地，小碎石子和冰雹砸在玻璃窗上，'啪啪啪啪'响个没完没了"的时候带给我们"温暖和平"。

　　无论如何，寒冷的日子总是意味着寒冷的"正在过去"。我们生活在四季的正常运行之中——这寒冷并不是晴天霹雳，不是莫名天灾，不是不知尽头的黑暗。它是这个行星的命运，是万物已然接受的规则。

——《冬牧场》之《冷》

　　可能我逼真还原了那个冬天的所有寒冷。但寒冷并不是全部，我还以更多的耐心展示了这寒冷的反面。那就是人类在这种巨大寒冷中，在无际的荒野和漫长的冬天中，用双手掬起的一小团温暖与安宁。虽然微弱，却足够与之抗衡。

——《冬牧场》再版序

从《九篇雪》到《记一忘三二》：心灵史

　　从20多岁出版第一部作品集《九篇雪》到出版《记一忘三二》，李娟在二十余年的时间里一共创作了10部散文作品。2017年出版的《记一忘三二》和《遥远的向日葵地》是她的第三组作品。《记一忘三二》是一部散文集，是从李娟"日常记录中整理出来的文字"，多为短章，创作时间较为分散，内容有对过往回忆的补白，也有对当下生活的记录。值得一提的是，2012年李娟在阿勒泰市郊买了一个院子，终于结束了长期漂泊流浪，住地窝子、帐篷、蒙古包、毡房、被废弃的房子和租来的房子的生活，这在她的生活和创作中都应该算是一个重大的转折点。《记一忘三二》总体上是从容的，无论是面对"刻骨铭心的记忆"，还是面对病痛衰弱的当下，对于李娟来说，写作成为"无边无际的旅行"，成为"源源不断的开启和收获"。《遥远的向日葵地》是一部长篇散文。这部作品以多年前李娟母亲在乌伦古河南岸种植向日葵的经历为主要写作素材，在衣食住行、鸡飞狗跳、外婆逝去、社会交往等日常记录中暗藏向日葵从播种到收获的全过程和农人的劳作和希冀，把个人对农业生产方式和农业文明的体验和思考融入中华民族数千年的田园诗和家园梦，是一部极为优秀的长篇散文作品。如果说李娟的第一组作品是写"我"，第二组作品是写游牧民族，第三组作品便可以说是写生活本身，写由生活构成的文明，由生活呈现的文明。

旷野辽阔无边，岁月绵延无尽，生命顽强无比，文化深远无限，而李娟的感受力和创造力似乎也是汩汩滔滔、无穷无尽。她用无比丰富的心灵、无比深沉的情感面对自己，面对哈萨克牧民在荒野中的生活。在她20多岁时出版的第一部作品集《九篇雪》中，她写道：

倘我能——倘我能用我的手，采集扎破我心的每一种尖锐明亮的颜色，拼出我在劳动中看过的，让我突然泪流不止的情景，再把它日日夜夜放在我生活的地方。让这道闪电，在我平庸的日子中逐渐简拙、钝化，终有一天不再梗咯我的眼睛和心——那么，我便完成了表达。我便将我想说的一切都说出了，我便会甘心情愿于我这样的一生……可我不能。

语言在心中翻腾，灵感在叩击声带，渴求在撕扯着嗓音，我竭尽全力嘶声挣出的却只有哭泣……我多么，多么想有一块巨大的，平平展展干干净净的毡块，用随手拈来的种种色彩，用金线银线，血一样的红线，森林一样的蓝线……再用最锐利的针，在上面飞针走线，告诉你一切，告诉你一切……我多想，在有爱情的地方绣上一只又一只的眼睛；在表示大地的角落描出我母亲的形象；在天空的部分画上一个死去的灵魂的微笑；这里是丰收，绣上坟墓吧！这里是春天，就绣一个背影……在鸟儿飞过后的空白处绣上它的翅膀；在牛啊羊啊的身上绣满星空和河流……我多么想！我多么想……

我走进一家又一家的毡房，抚摸别的幸福女人的作

品，接受主人珍贵的馈赠——只有给未出嫁的女孩才准
备的花毡。然后，在那些毡房里，那图案的天堂里，睡
去，醒来。我抚摸着心中激动异常的那些，又想起自己
可能永远也不会有一面空白的毡子，未曾着色的一张草
席，一个房子，一段生活，一次爱情，一个家，甚至是一
张纸——去让我表达。而我却有那么多的铅笔、水彩、口
红、指甲油、新衣服，青春，以及那么多话语，那么多的
憧憬……像永远沉默的火种……

————《九篇雪》之《绣满羊角图案的地方》

　　在李娟的创作历程中，她通过文字和作品，告诉了我们很
多很多，而那些，正是被在城市里苦苦追逐着什么的我们忽略
的、遗忘的、遮蔽的。比如金黄璀璨的向日葵，比如在大地上
一行一行地耕作，比如以下这个哈萨克族牧羊人的故事。

　　在漫长安静的冬天里，那盘磁带被这个年轻人听了一
遍又一遍。后来他决定学习这些歌。他反复倒带，一句句
摸索歌词，将陌生的语言用阿拉伯字母拼注出来。冬天过
去后，他便学会了那盘磁带里的所有歌。
　　春天，雪化了，牧羊人离开了森林，重新回到自己的
羊群之中。但是，他的人生悄然改变。他的世界还是那么
大，但是多开了一扇美丽的窗子。有一次，在一个迎接远

客的宴会上，他自告奋勇为大家演唱了一首《你问我爱你有多深》，打动了在座的几个汉族客人。当客人知道他会唱十几首汉语歌，却不会说一句汉语的时候，更加感动。我猜，大约是为着这世上没有界限的渴望与寂寞吧。

——《记一忘三二》之《渴望记》

这是一个独自一人在天山深处待了整整一个漫长冬天的哈萨克族牧羊人的故事。大雪覆盖，天地苍茫，他在天山深处帮守林员看守林木。守林员给他留下了锅碗瓢勺米面油盐等一整个冬天所需的生活物资，另外还有聊作消遣的几本小说和一台录音机、几盒磁带。

哈萨克族牧羊人看不懂汉语书，也听不懂汉语歌。但美丽的旋律却是大敞而开的门，不需要"懂"和"不懂"。于是这个牧羊人终日沉浸在音乐之中，他爱上了邓丽君。他沉浸在音乐和美打开的广阔世界之中，他用歌声表达出潜藏在心灵深处的渴望与深情。

除了一个个我们在城市里很难听到的生动故事，李娟还告诉我们很多在城市里很难悟到的深刻感悟：

最年轻的山和最古老的水都在此地。
我坐汽车经过荒野中的大水，和一千年前跟着驼队经过此地没什么不同。

离水越近，记忆越庞大。几乎想起了一千年来所有的事。

——《遥远的向日葵地》之《关于乌伦古》

我活在一个奇妙无比的世界上。这里大、静、近，真的真实，又那么直接。我身边的草真的是草，它的绿真的是绿。我抚摸它时，我是真的在抚摸它。我把它轻轻拔起，它被拔起不是因为我把它拔起，而是出于它自己的命运……我想说的，是一种比和谐更和谐、比公平更公平、比优美更优美的东西。我在这里生活，与迎面走来的人相识，并且同样出于自己的命运去向最后时光，并且心满意足。我所能感觉到的那些悲伤，又更像是幸福。

世界就在手边，躺倒就是睡眠。嘴里吃的是食物，身上裹的是衣服。在这里，我不知道还能有什么遗憾。是的，我没有爱情。但我真的没有吗？那么当我看到那人向我走来时，心里瞬间涌荡起来的又是什么呢？他牙齿雪白，眼睛明亮。他向我走来的样子仿佛从一开始他就是这样笔直向着我而来的。我前去迎接他，走着走着就跑了起来——怎么能说我没有爱情呢？每当我在深绿浩荡的草场上走着走着就跑了起来，又突然地转身，总是会看到，世界几乎也在一刹那间同时转过身去……

——《阿勒泰的角落》之《深处的那些地方》

这是李娟的感悟，也是她自己的故事，当她走向阿勒泰角落里、戈壁滩深处的那些地方，她也走向了深处的那些感情、那些领悟、那些思想，她用轻盈但却深刻的文字写出了自己以及诸多个人的心灵史。

按照题材和风格的不同，我们可以把李娟的作品分为两大类：宏大的和精微的，宏大的是哈萨克族的民族志，精微的是人类的心灵史。难得的是，李娟把宏大的民族志和精微的心灵史融为一体，《渴望记》一文所讲述的那位会唱十几首汉语歌的哈萨克族牧羊人的故事，写出了"这世上没有界限的渴望与寂寞"，写出了一个边地民族的丰富心灵；而李娟个人的心灵成长故事，正是在演绎她如何从城市的黯然惶然走向边地的欣然安然、如何从青春的逼仄迷茫走向生命的盛大喜悦，用李娟自己的话来说，那就是：希望我们都像生存在那片土地上的牧人一样，有着"明亮的眼睛和从容的心"。

著名作家、评论家苏珊·桑塔格曾说："文学是进入一种更广大的生活的护照，也即进入自由地带的护照。文学就是自由。尤其是在一个阅读的价值和内向的价值都受到严重挑战的时代，文学更是自由。"或许，我们可以经由李娟的文字，跟随她伟大的行走、非凡的感悟和神奇的书写，重建阅读的价值和内向的价值，通向更广大的生活，通向人类文化的深远之处和人类精神的自由地带。

小结

　　李娟对北疆大地和哈萨克族的书写，让我们看见别样的自然风光和生存图景，世界因此变得开阔；李娟对北疆大地和哈萨克族的贴近，让我们感受同样的人生追求和心灵图景，生命因此变得厚重。

第二讲　篇篇都是雪

—— 何为《九篇雪》

　　《九篇雪》是李娟的第一部散文作品集，这些散文作品主要创作于2000年与2001年之交的冬天，那是北疆的冬天，天寒地冻，风雪交加。李娟出生于1979年，当时她21岁，在乌鲁木齐和牧场辗转谋生，在哪儿似乎都找不到生活的出口，人生充满了苦难、困惑和渴望。因90岁高龄的外婆摔跤瘫痪入院治疗，她在富蕴县城医院附近租了一间房子，一边照顾外婆一边写作。后来，在外婆病中写成的书稿不幸遗落在车上，李娟只好又花了几个月时间重写。2003年春天，《九篇雪》初次出版，后多次再版，感动和影响了许多读者。

　　《九篇雪》是个很美的书名，因为表达的陌生化而引人关注和遐想。众所周知，我们习惯用"片"而不是"篇"作为"雪"的量词，"篇"指的是完整的文章或诗词，作为量词，一般只用在文章或诗词上。"九篇雪"的意思按字面意思来解，就是九篇写雪的文章。

　　实际上，《九篇雪》整本书不只是为雪写的文字，它是李娟"极度没有安全感却充满奇异希望的少女时代的真实影像"。但书中确实有一篇写雪的散文，分成九个片段来写雪，题目叫作《九篇雪》。这是由九个写雪的片段整合而成的一个篇章，这里的"九篇"，其实是九段的意思。

为什么是"九篇"呢？我想，这是因为在中国文化传统中，九是最大阳数。"天地之至数，始于一，终于九焉。"（《黄帝内经·素问》）中国文学史上第一位诗人屈原的祭神乐歌集叫《九歌》、短篇抒情诗集叫《九章》，他还写下了"指九天以为正兮，夫唯灵修之故也""九天之际，安放安属？"等诗句。

为什么要用一篇散文的名字《九篇雪》作为整本书的书名呢？我想，这是因为这个篇目、这个标题最能代表她这个阶段对自然、对人生的体悟。

李娟为雪写"九篇"，又用《九篇雪》作书名，既表达了她对文化传统的礼敬，也表达出她对"雪"的感悟之多之大，这些感悟，来自清冷苍茫的自然，也来自她寂寞悲伤的人生。

"雪"是洁白的、轻盈的，更是寒冷的。关于雪的洁白，明末清初文学家张岱在《湖心亭看雪》一文中用"雾凇沆砀，天与云与山与水，上下一白"一句进行了极致描写；关于雪的寒冷，新疆作家刘亮程在《寒风吹彻》一文进行了极致表达，"经过许多个冬天之后，我才渐渐明白自己再躲不过雪，无论我残缩在屋子里，还是远在冬天的另一个地方，纷纷扬扬的雪，都会落在我正经历的一段岁月里。"而"每个人都在自己的生命中，孤独地过冬。"

李娟对"雪"的感悟、对生命的感悟是什么呢？让我们一起来读一读吧。

"下雪了！" —— 生命的觉悟

"九篇雪"一文的第一个片段以深夜梦醒问出"那么，雪到底下了还是没下？"结尾，最后一个片段则以深夜梦惊叫出"下雪了！"结尾，首尾呼应，写出了李娟对生命由困惑而思考，因思考而觉悟的过程。

下雪与冬天没有多大关系，一年四季都在下。只是别的日子里的雪在落下的过程中渐渐变成了另外的事物，有时以雨的形象出现，有时则是一些落叶，有时则是一场灾难，更多的时候是无边的寂寞。……

我们永远无法忍心舍弃的美好，永远不肯罢休的痛苦，还有爱情、童年、孤独、欺骗，还有罪过、仇恨、热望、抵抗……当我们携着这所有落下，我们怎么相信，此时的我们，仅仅只是一片雪？

——《九篇雪》之《九篇雪》

　　是的，在李娟看来，雪不只是冬日落下的自然界中的雪，一切飘落消散的，都是雪；生命正是一个不断飘落、埋葬、覆盖的过程，生命是雪。

　　生命的飘零是雪，生命的孤独也跟雪一样。这就是李娟眼中的雪，李娟心中的雪和李娟笔下的雪。

　　……我们只知道雪可以堆雪人，一个和我们一样大的雪人，而且和我们一样站在大地上。……后来天暗了，我们回家时不该把它独自留在那里。我们什么都给它的时候没有想到也会给了它孤独。……

　　我们来自于生命中的第一次寂寞，是看到了一个雪人的寂寞吧？如果它没有眼睛和鼻子，如果它仍是一摊平整的雪。如果我们没有惊醒雪，我们没有惊醒它。

　　我们可能将替它，站过一个又一个冬天。

　　　　　　　　　　　　——《九篇雪》之《九篇雪》

　　生命和雪一样，终将飘落，终被覆盖，孤独地飘落，无声地被覆盖。为什么有九篇"雪"？那是因为时间不断流逝，生命渐渐消散，而青春的寂寞和生命的孤独漫无边际，永不止歇。

　　西方哲学家海德格尔在《存在与时间》一书中提出"向死而生"的重要命题，在他看来：死，作为人的此时此刻存在的终结，这是任何生物包括人类的一种必然。人一生下来就是在朝着这个存在诸多不确定因素的死前进着，即"向死而生"。死不仅仅是一种状态，更是一种时间历程，是一种足够贯穿一个人一生的生命体验。

李娟寄托在雪上的生命感悟，与其有着异曲同工之妙。

必经之途：无论荒野，无论城市

时间必然流逝，生命必将消散，但活过一生，却是每一个人的必经之途。在《九篇雪》四版自序中，李娟写道："我曾经丰富又奢侈，现在的我却只有一条路可走"。是的，虽然又贫穷又卑微，但李娟的必经之途是丰富又奢侈的，她走出了城市，走进了荒野。我们谁能像她一样进入如此多元的生活空间？谁能有她这样丰富又奢侈的经历和见闻？谁又能用短短的一生在荒野和城市的交替中走过文明的演进之路呢？

翻开《九篇雪》的目录，第一章"绣满羊角图案的地方"13篇。写的都是荒野中的生活，荒野的辽阔和美丽、荒野中牧民的纯粹与热烈。"行在山野""吃在山野""穿在山野""住在山野""野踪偶遇"更是直接把荒野写进了标题。

　　我们这样在群山中四处游荡，却永远不能走遍它的所有角落。还有那么多的地方我们想去，那儿汽车无法到达，双脚不能抵至，甚至梦想也未可及之。

　　　　　　　　　　　　——《九篇雪》之《行在山野》

　　我没有吃遍，也不会有机会吃遍这世上所有的珍肴美味，但那又有什么遗憾呢？我曾经一口一口咽下的那些食物，已经是这个世界最珍贵的馈赠了。

　　　　　　　　　　　　——《九篇雪》之《吃在山野》

　　……我个子矮。我才不管，我拽着裙子走过深深的草滩，齐腰深的结了种子的草穗在四周摇摆，一直荡漾到夕阳燃烧的地方。

　　　　　　　　　　　　——《九篇雪》之《穿在山野》

　　我怀念那个憩息在美丽沼泽上的五彩鲜艳的半透明房子。……

　　我家床底长满了青草，盛放着黄花，屋顶上停满了鸟儿。……

　　　　　　　　　　　　——《九篇雪》之《住在山野》

你喜欢这样的荒野和荒野生活吗？答案可能是肯定的；你愿意投身这样的荒野和荒野生活吗？答案应该是否定的。我们真正向往的、愿意投身的，是物质丰裕、交通便捷、科技发达的城市生活。《九篇雪》第二章《这样的生活》、第三章《草野之羊》中不少篇目写到了城市：富蕴县、阿勒泰市、乌鲁木齐市。对于城市和荒野的不同，李娟和家人有着最切身的体会：

> 我妈呢，整天都在为穿发愁，她穿了在本地人中间不会显得太招摇的衣服，就不好意思进城；在城里晃几天，总算融入城市的氛围了，却又不好意思进山了。
>
> ——《九篇雪》之《穿在山野》

> 我们整天到处玩，手脚并用，向岸上或峭岩上爬去；在森林里摸索，爬过一棵又一棵腐朽、潮湿的巨大倒木；扒开深深的灌木枝条侧身而过；在岩石丛中跳上跳下，往草堆里打滚；一屁股坐到坡度陡的地方，滑滑梯一样往下溜……加上脸皮又厚，你可以想象到我们身上的衣服会被穿成什么样子，简直是块大抹布嘛！我们这个样子进城的话，不管往哪儿一站，都会有人过来往你面前放零钱。
>
> ——《九篇雪》之《穿在山野》

面对城市的琳琅满目，面对城市的千变万化，李娟有着独到的思考和感悟：

在这个万事万物日益飞速进化的时代，当食物和爱情一样，也成为一种消遣时，真正的饥饿和孤独会不会因此而更加虚茫无际？

——《九篇雪》之《吃在山野》

一九九一年我离开的时候，所有的树都还好好的。一九九五年回来时，路边的双排树成了单排，……等到一九九八年再回来，在达坂上看到的额尔齐斯河已由蔚蓝变成了灰绿。森林没了，骷髅架子似的新楼突兀地一座座立了起来，……城市建设的进程夜以继日。每进一次城，明明又修盖了许多建筑，却仍感觉又空了一片。走在空荡宽阔的大街上，浑身不自在，好像自己最隐秘的部分正在被曝光，却连个躲的地方都找不到。

——《九篇雪》之《富蕴县的树》

在《暴雨临城》一文中，李娟直接发问："我和这个城市，究竟谁是幻影？"

荒野很美，但荒野中的人很渺小；城市很富足，但城市中的人很迷茫。在荒野和城市之间，李娟有着巨大的困惑：

> 再说我那条大裙子，我穿着它走进无人的森林，……我为这森林带来了最不可思议的东西——它柔软，垂直，色泽鲜艳醒目，它移动在大自然浑然厚重的氛围中，不可调和。其质地更是在树木、草丛、苔藓、岩石、阴暗、潮湿、昆虫、林鸟……的感觉之外轻轻抖动。裙子把我和森林隔开，我像是从另外一个空间与这森林重合，不慌不忙地转悠。这森林不肯容纳我，我的裙子却一再迁就我。我常常在林子里走着就停下了脚步。不知道我应该属于哪一种生活。
>
> ——《九篇雪》之《穿在山野》

《故事》是《九篇雪》全书的最后一篇，以下文字是《九篇雪》全书的最后一段：

> 我从两幢楼房之间穿过，在破旧的柏油马路上头也不回地远去。我怕我一回头，那两幢楼房，那两个伏在古老原始的山林间的怪物会瞬间坍塌……且让它留着吧。让它继续在这里等下去，假设所有的故事还未真正开始。
>
> ——《九篇雪》之《故事》

在荒野和城市之间，在楼房和山林之间，李娟的故事也是人类的故事、文明的故事。生命尽管终将飘落，尽管永远孤独，但人类还是义无反顾，踏足神奇的旅程，讲述精彩的故事。我们真的可以"假设所有的故事还未真正开始"吗？如果可以，我们的故事又该如何开启呢？

爱情与欲望的出口

或许，我们的故事要从与生俱来的爱情和欲望开始。在《九篇雪》的四版自序中，李娟写道："这本书的秘密是爱情，写这些文字的时候，我正深深地爱着一个人，对他的爱意和渴望浸透字里行间。可能这本书的魅力之一正在于此——因为暗藏爱情而流露'天知地知'的神秘美感……"虽然面对的是"未知的前方"，但李娟携带着蓬勃野蛮的生命力，"仿佛越黑暗越逼仄的出口，才是我释放渴望的唯一途径"。于是，李娟用文字，进行着"尖锐的讲述""混乱却勇敢的探索与倾诉"。

在《九篇雪》中，我们听到了叶肯别克邀李娟去山野摘草莓的"美丽"话语、听到了一个年轻人坐在高高的马桩子上拉出的风琴声、看到李娟和司机在山野兜风、和偶遇的"他"在湖中网鱼……"那么多的话语，那么多的憧憬……像永远沉默的火种……"

因为暗藏着爱情，眼前的世界是这样的：

> 森林下方，碧绿的缓坡斜下来与河边深绿的沼泽相连，如嘴唇与嘴唇的相连一般温柔。连接处长满黄色的晶莹的碎花，像吻。河岸边的缓坡上斜斜立着一座木头小屋，屋顶摇摆着细长茎干的虞美人。那是爱情栖憩的地方。

> ——《九篇雪》之《在河边》

但现实的情况却是：

> ……我们被重重大雪困在这个山脚下的村庄里，焦躁、沉闷，围着室中炉火，想着春天。牛在冰天雪地中四处徘徊，就像我们在深暗的货架柜台后面一整天一整天地静静坐着漫天冥想。冬天多么漫长难熬，牛在身边走来走去，我想它们所寻找的可能不仅仅是食物，还有出口，通向暖和天气的出口。然后我们就跟着它一起走出去。

> ——《九篇雪》之《牛在冬天》

在悲观主义哲学家叔本华看来，人在各种欲望得不到满足时处于痛苦的一端，得到满足时便处于无聊的一端。人的一生就像钟摆一样不停地在这两端之间摆动。在李娟这里，爱情和欲望是人类创造活动最大的动力机制，因为隐秘但却强大的爱情、暗藏但却奔突的欲望都需要出口，于是，李娟从"童年和青春中赤手空拳闯了出来"，她看到了世界的缺口和世界的奇迹，并用最完美恰当的形式表达出一切。哲学家马尔库塞认为，"爱欲与文明"存在着复杂而又深刻的关系，李娟和她的作品告诉我们：爱欲的出口，就是创造，就是文明。

篇篇都是雪，生命的觉悟在黑夜、在雪中；条条都是路，文化的创造，在白昼、在手中……

这就是人类的故事，人类与大地母亲的故事；这就是李娟的感悟，对人类与大地母亲的感悟。

作为李娟的第一部作品，《九篇雪》对于李娟来说意义重大，对于中国当代文坛来说意义也很重大。

小结

年轻的时候，我们常常困惑于世界的繁杂，焦灼于命运的迷局，迷茫于生命的意义，我们在心灵的世界里左冲右突，渴望找到通向外部世界的出口。李娟用《九篇雪》告诉我们：人生是短暂的，生命的意义在于过程；世界是寒冷的，生命的意义在于抵御；个体是孤独的，生命的意义在于创造。

第三讲　大地才是中心

——在《阿勒泰的角落》里

"以前，大地才是中心／村庄和城市，一直都是／山河的郊外。"这是雷平阳在《听汤世杰先生讲》一诗中的诗句，读《阿勒泰的角落》时，这个句子常常跳荡在我的脑海。

> 一条河水从中间流过
>
> 河水是中心，北边是河北
>
> 南边是河南；一座山峰在中间矗立
>
> 山峰是中心，东面是山东
>
> 西面是山西；一个湖泊在中间
>
> 荡漾，湖泊是中心，南侧是湖南
>
> 北侧是湖北；云南在云的南端
>
> 海南在海之南，云是心，海是心
>
> 几千年前，"孔子过泰山侧"
>
> 孔子也配不上泰山，这颗
>
> 伟大的心脏，也只能跳动在

> 泰山的侧面，泰山是中心
>
> 孔子是郊外……
>
> ——雷平阳《听汤世杰先生讲》

在《听汤世杰先生讲》一诗中，雷平阳通过对一系列地名和一个文化典籍中名句的分析，表达他对自然事物处于文化中心地位的领悟，是的，在文化的开启时和初始处，河水、山峰、湖泊、云、海才是中心，才是尺度。然而，随着文化的发展进步，人类的力量日益强大，自然逐渐成为我们认识的客体、利用的资源和掠夺的对象，我们自以为是万物的灵长，是世界的主宰。直到现在，自然界正以各种各样的方式报复我们，我们开始重新认识和确立自然的价值，我们不断追忆文明的来处、深入反思人与自然的关系、寻找人类未来发展的理想之途。

诗人和作家是人类中一个特殊的群体，基于对万事万物的同情、亲近与敬畏，他们守护着人性，守护着文化，守护着人性深处、文化根基处对自然的依赖。在他们看来，人离不开世界，而世界，或许与我们无关。

世界与我们无关

《阿勒泰的角落》是李娟正式出版的第二本著作，这本书以"在喀吾图""在巴拉尔茨""在沙依横布拉克""在桥头"和"在红土地"作为各章名称，这是五个"在"字结构的短语，介词"在"字后面的内容，是北疆的五个地名，是阿勒泰的五个角落。这五个地点是李娟及包括其外婆、母亲、继父、继父带来的妹妹、很多小动物和各种家当在内的家庭在1998年至2003年间谋生过活的地方。2004年，李娟来到阿勒泰城市工作，工作之余用文字记录这几年生活中难忘的细节，并最终于2010年获得出版机会。

通过《阿勒泰的角落》这本书，我们看到了荒野，看到了和荒野融为一体的人，也看到了独自站在荒野中的李娟。这是人迹稀少、人烟淡薄的世界，是一个与文明无关、与我们无关的世界。

……一座山就是一大块雪白的石头，上面密密麻麻布满了洞眼。洞口形状的线条圆润柔和，千奇百怪。这是亿万年来冰川侵蚀、水流冲刷的结果。

——《阿勒泰的角落》之《更偏远的一家汉族人》

……这是在巴拉尔茨，遥远的巴拉尔茨。这是一个被废弃数次又被重拾数次的小小村庄。这里没有电，过去的老电线杆空空地立在村落里，像是史前的事物。这里处处充斥着陈旧与"永久"的气息。……乡村土路上铺着厚厚的足有三指厚的绵土。但这土层平整、安静，没有印一个脚印。没有一个人。

　　——《阿勒泰的角落》之《有林林的日子里》

　　河流从北到南地动荡，一路上在身边有力地、大幅度地扭出一连串的河湾。走到高处，远方群山的峰顶和脚下的道路平齐，在视野的地平线处海一样地起伏……走在世界的强大和热烈之中，而抬头看到的天空却总是那么蓝。蓝得无动于衷，一点也不理会世间的激情……

　　——《阿勒泰的角落》之《门口的土路》

　　在最最久远的时间里，这个地方是没有人烟的。这里地处深山，地势险峭，冬季过于漫长。但由于山区气候湿润，积雪冰川融汇成河，有河便有树。于是这里有着生命最基本的供养。后来就渐渐被凿空，成为连接东方与西方的通道。而东方与西方之间，多是戈壁沙漠。驼队归期遥遥，一一倒落路旁。人没有水，畜没有草。

　　后来，出于战争或其他原因，开始有人来到这个绿色长廊定居，并渐渐适应了这方水土气候。当部落规模膨胀到危险的程度，又有灾难爆发，死亡遍地。于是，又一次大迁徙从这里开始。山林间又一次了无人迹。草木覆盖道路，野兽夜栖宅院。

　　再后来，不知过去了多少年，渐渐地又有人迹向这边触探。羊群在夏天轻轻地靠近，仔细咀嚼最鲜美的青草，一只也不敢轻易离群。并赶在秋天之后的第一场雪降临之前，低头沉默离开。这样的情形不知持续了多少年。不知是什么样的畏惧和约束牵扯着某种奇妙的平衡。在这里，人不是主宰，只是其中很小的一部分。

——《阿勒泰的角落》之《更偏远的一家汉族人》

这就是李娟生活过的世界，偏远荒僻，无际无涯。在这里，人只是匆匆的过客，大自然才是永恒的主宰。

大地的深处

我们生活在瞬息万变、快速发展的现代社会，生活在让人眼花缭乱、心浮气躁的物质世界，但"阿勒泰的角落"是世界的尽头，这里的人沉入大地的深处，固守最初的生产和生活方式，并由此形成了各种经验与习俗。

尔沙是一个年轻的哈萨克族小伙子，他从乌鲁木齐的师范学校毕业，在牧业定居点的寄宿学校教书。不过，冬天，他是教书的先生；夏天，他就变身为放羊的牧民。他放牧着四百多只羊，请看李娟及其家人和尔沙的一段对话：

我们说："尔沙，不要放羊了嘛，和我们一样做点生意嘛。像你这么聪明的小伙子，一定会赚很多钱的。"

"不行。还是，，，放羊好嘛。我爷爷放羊，，，我爸爸，，，放羊，，，都好好的，，，我现在当老师，，，谁知道能当多久呢？"

"放羊多受罪呀，天天搬家。"

"那个搬家嘛，，，简单嘛，，，其实简单得很，，，"

"放羊哪点好呀？"

他想了好一会儿：

"你们嘛，，，当裁缝嘛……你们当裁缝哪点好，，，我们，，，放羊嘛，，，就哪点好……"

——《阿勒泰的角落》之《尔沙和他的冬窝子》

于是，一整个漫长的冬天，尔沙和他年轻的新娘孤独地生活在大地深处，生活在冬窝子里。

……年轻的尔沙在冬窝子，同羊群一起秘密地生活着。通往那里的路被重重大雪所阻塞，一整个冬天都与外界隔绝。所备的食物简单而有限，蔬菜和水果是不可能的食物。北风终日呼啸。于是尔沙的新娘子很快就褪去了小姑娘的情形，迅速出落得消瘦而结实。她原先是一个定居家庭里出生的农村姑娘，但是有朝一日突然操持起游牧生活来，却是那么熟门熟路，似乎是血液里的某种遥远记忆在沉重的生活中被唤醒了。她提着满满一桶雪回家，化开后使用。尔沙不在家。他一大早赶着羊群出去了，四处寻找有草的地方。今天去的地方可能会更远。她发现屋顶有一处漏风，就开始想办法把那里细心地补好。她安守于繁忙的家务活中，平静等待。她劳动时还披着新婚的头巾，上面缀着的天鹅羽毛还没有取下呢……冬窝子的生活多么艰难呀，多么不可想象。但是在尔沙怎样的一种，源于古老想法的理解中，理所当然地成了无所谓的了？……

——《阿勒泰的角落》之《尔沙和他的冬窝子》

对于我们来说，这种生活应该也跟尔沙的新娘一样，是潜伏在血液里的某种遥远记忆吧？但这记忆已经日渐稀薄、难以唤醒；对于哈萨克族牧民来说，这种生活却是自然而然、理所当然的现实。一个八岁的孩子，在秋天牧业转场南下的时候，独自赶着三头牛，沿着森林边上的小道，徒步四十多公里，走了两三天才走出深山，把牛送回山下的家里。对于在父母怀里撒娇、在学校教室学习的城市孩子来说，这一切恐怕是难以想象的，就连李娟也不由感慨：

居然让小孩子干这样的活！那他父母干什么去了？他

的父母当然更忙，得忙着搬家，搬家自然会比赶牛的活儿累多了。但是，无论如何，把一个八岁的小孩子当全劳力的话……这家长也太狠心了吧？

　　不管怎么说，无论怎样令我吃惊的事情，到头来都是能想得通的。我所面对的是一种古老的、历经千百年都没有什么问题的生活方式，它与周遭的生存环境平等共处，息息相关，也就成了一种与自然不可分割的自然了。生长其中的孩子们，让我感觉到的他们的坚强、纯洁、温柔、安静，还有易于满足、易于幸福——这也是自然的。

　　　　　　　　　　　　——《阿勒泰的角落》之《孩子们》

幸福的不仅仅是孩子们，各种各样大地深处的动物，因为和人之间的亲密关系，也是幸运和幸福的。

　　我一直在想，游牧地区的一只小羊羔一定会比其他地方的羊羔更幸运吧？会有着更为丰富、喜悦的生命内容。至少我所知道的羊，于牧人而言，不仅作为食物而存在，更是为了"不孤独"而存在似的。还有那些善良的，那些有希望的，那些温和的，那些正忍耐着的……我所能感觉的这一切与羊羔有关的美德，以我无法说出的方式汇聚成海，浸渍山野，无处不在。我不相信这样的生活也能被改变，我不敢想象这样的生活方式有一天会消失。

——《阿勒泰的角落》之《怀揣羊羔的老人》

是的，"总是有那么一些地方的一些人，仍生活在不曾改变之中"。生活在世界尽头、大地深处的哈萨克族，用不曾改变的古老的生产方式，用"无论是饮食还是穿着，都有深厚浓重的习俗和经验在里面"的传统的生活方式，向我们呈现缓慢的美，稳定的美，贴近大地、自然生活的美。

李娟的荒野

走到世界的尽头，走进大地的深处，李娟的文字，来自她在荒野中的所历所见所闻、所感所思所悟，这里的环境严酷但却壮丽；这里的生活孤独但却自由；这里的万事万物仿佛静止不动，却又不断生长；这里的人坚韧又欢乐，仿佛渺小短暂，却因为融入自然而获得永恒不变的力量。让我们跟随李娟的足印，跟随李娟的慧眼和灵心，一起到荒野中走一走、看一看、想一想：

而冬天的红土地，白茫茫一片，只有河边的树林黑白斑驳。

远山是白的，天空是白的。远远近近的房屋院落，更是一块块凝固的白，只有一个个窗洞是黑乎乎的。

原野是白的，原野中的路也是白的。但原野是虚茫的白；路被来回踩过，又瓷又亮的，是闪亮的白。

我总是穿得臃肿而结实，在雪的原野上慢慢地走。……

——《阿勒泰的角落》之《在戈壁滩上》

我就喜欢这样慢悠悠地走啊走啊，没有人，走啊走啊，还是没有人，没有声音，停下来，侧耳仔细地听，还是没有声音。

回头张望脚下的山谷，草甸深厚，河流浓稠。整个山谷，碧绿的山谷，闪耀的却是金光。

…………

那天，我在林子里转了一圈就回去了。那些更深处的地方实在令人害怕……我只站在山谷口上方的森林边踮足往里看了一会儿，山水重重——那边不仅仅是一个我不曾去过的地方，更是一处让人进一步逼近"永远"和转瞬即逝的地方……

——《阿勒泰的角落》之《深处的那些地方》

……我从没见过一朵花是简单的，从没有见过一朵花是平凡的。这真是令人惊奇啊！究竟是什么样的力量和心思，让这个世界既能产生磅礴的群山、海洋和森林，也能细致地开出这样一朵朵小花儿？

——《阿勒泰的角落》之《河边洗衣服的时光》

我活在一个奇妙无比的世界上。这里大、静、近，真的真实，又那么直接。我身边的草真的是草，它的绿真的是绿。我抚摸它时，我是真的在抚摸它。我把它轻轻拔起，它被拔起不是因为我把它拔起，而是出于它自己的命运……我想说的，是一种比和谐更和谐、比公平更公平、比优美更优美的东西。我在这里生活，与迎面走来的人相识，并且同样出于自己的命运去向最后时光，并且心满意足。我所能感觉到的那些悲伤，又更像是幸福。

——《阿勒泰的角落》之《深处的那些地方》

这就是李娟的荒野，偏远荒僻，无际无涯，在这里，李娟"不由深陷一些永恒事物的永恒之处"；在这里，空间就是时间，人就是自然，空间与时间一起，人与自然一起，成为永恒。

西方环境伦理学创始人霍尔姆斯·罗尔斯顿在《哲学走向荒野》一书中说：荒野是世界的本来面貌，是自然的纯粹状态，是生命的孕育之所与生存之境，是一种自组织生态系统，是一个呈现着美丽、完整与稳定的生命共同体，其有限性蕴含无限性，物质性蕴含精神性，自然性蕴含自由性。

显然，如果说罗尔斯顿是一个"走向荒野的哲学家"，李娟便是一个走向荒野的文学家。

小结

成长的过程中，我们需要与世界建立连接，我们需要在世界的版图上找到自己的位置，找到生存的坐标。

李娟用《阿勒泰的角落》告诉我们：你双脚站立的地方，只是大地上的小小角落，但就是在这个小小的角落里，你不仅可以跟辽阔的世界连接，还可以跟无限的时间连接。是的，只要我们愿意，角落就是中心，深处就是坐标。

第四讲　故乡与原乡

——走进《我的阿勒泰》

我的导师鲁枢元教授在《生态文艺学》一书中对"故乡"一词的含义做了深情的归纳：

> 故乡是一块自然环境，是天空、大地、动物、植物、时光、岁月；故乡是一支聚集的种群，是宗族，是血亲，是祖父祖母、外婆外公、父亲母亲、邻里乡亲、童年玩伴、初恋情人；故乡是生命的源头、人生的起点，是一个由受孕到妊娠到分娩到呱呱坠地到生长发育的过程；故乡又是一个现下已经不再在场的、被记忆虚拟的、被情感熏染的、被想象幻化的心灵境域。

李娟的人生经历非常特殊，她出生在新疆，成长过程中辗转于四川、新疆两地，有过一段阿勒泰深山牧场的生活经历。在《我的阿勒泰》一书的自序中，她写道：

> 我小时在新疆最北端的阿勒泰地区的富蕴县——一个

以哈萨克族为主要人口的小县城——度过一大段童年。在我的少女时期，我又随着家庭辗转在阿尔泰深山中，与游牧的哈萨克牧人为邻，生活了好几年。后来我离开家，外出打工，继而在阿勒泰市工作了五年。但妈妈仍然在牧区经营她那点小生意。于是我始终没有离开那个家的牵绊，我的文字也始终纠缠在那样的生活之中，怎么写都意犹未尽，欲罢不能。

——《我的阿勒泰》之《三版自序》

是的，北疆可以说是李娟的故乡，但她生命的来处在四川，而阿勒泰所代表的荒野，不仅是她的故乡，也是人类的原乡。

生命的来处

说到生命的来处，每个人都会想到母亲。在李娟的笔下，母亲个性鲜明、情感丰富、精力充沛、热气腾腾，母亲会裸着身子在山野中长时间地行走，寻找木耳和虫草，也寻找希望。在《阿勒泰的角落》一书中，我们读到过这样的文字：

　　她一个人在深山里，背着包，带着水和食物。因为有家在身后等候着，所以她不着急。她平静地走着，有所希望地走着。她走过森林，穿过峡谷，翻过一个又一个大坂，在风大空旷的山脊上走，在树荫深暗的山脚下走，在河边走，没有边际地走……就她一个人，食物吃完了，但她还是不着急。天还早，太阳明晃晃的，天空都烫白了一片。另外还有世界本身的光，那么地强烈。她很热，于是脱了上衣走，脱了衬衣走，最后又脱了长裤走……最后根本就成了……呃，真不像话。但好在山里没有什么人。

——《阿勒泰的角落》之《深处的那些地方》

走进《我的阿勒泰》，第一篇就读到了母亲对李娟扑面而来的爱：

我给家里打电话，妈妈问我："还需要什么啊？"我说："不需要，一切都好。就是被子薄了点。"于是第二天晚上她就出现在我面前了，扛着一床厚到能把人压得呼吸不畅的驼毛被。

原来她挂了电话后，立刻买来驼毛，连夜洗了，烧旺炉子烘干。再用柳条儿抽打着弹松、扯匀，细细裹上纱布。熬了一个通宵才赶制出来。然后又倒了三趟班车，坐了十多个钟头的车赶往乌鲁木齐。

——《我的阿勒泰》之《我所能带给你们的事物》

在《阿勒泰的角落》一书中，我们也认识了高龄的、喜欢出去玩的外婆，老人家每天早上都会在群山与森林间燃起"世界的第一缕炊烟"。外婆深深地爱着这个世界、爱着自己的女儿、爱着女儿的女儿：

> ……以前念小学的时候，很多个清晨我起床一看，早饭又是红苕稀饭和酸菜，就赌气不吃，饿着肚子去上学。因为我知道，不一会儿，外婆一定会追到学校来给我捎一只滚烫的红糖锅盔……那时我都上六年级了，六年级班设在六楼。八十岁的外婆，怀里揣着烫烫的锅盔，从一楼开始慢慢地爬楼梯。在早自习的琅琅书声中，一阶一阶向上。爬啊爬啊，最后终于出现在六楼我的教室门前……那是我所能体会到的最初的、最宽广的安静感……在外婆给我带来的一场又一场安静之中，生命中的恶意一点点消散，渐渐开始澄明懂事起来。
>
> ——《我的阿勒泰》之《想起外婆吐舌头的样子》

我不在家的日子里，兔子或者没尾巴的小耗子代替我陪着我的家人。兔子在房间里慢慢地爬，终于爬到外婆脚下。外婆缓慢地弯下腰去，慢慢地，慢慢地，终于够着了兔子，然后吃力地把它抱起来。她抚摸兔子倒向背后的柔顺的长耳朵，问它："吃饱没有？饿不饿？"——就像很早很早以前，问我"吃饱没有？饿不饿？"一样。

——《我的阿勒泰》之《我所能带给你们的事物》

外婆在，母亲在，爱就在，生命的来处也在，那是四川乡下掩映在重重竹林之间的一处老宅，外婆在那里生活了近半个世纪，最终却被掩埋在万里以外的戈壁荒滩里。

……半个多世纪都过去了，离家万里，过去的生活被断然切割，……外婆终将携着一世的记忆死去，使我的"故乡"终究变成一处无凭无据的所在。在那里，外婆早已修好的坟窟依山傍水，年复一年地空着，渐渐坍塌；坟前空白的碑石花纹模糊，内部正在悄悄脆裂；老家旧瓦屋久无人住，恐怕已经塌了一间半套……而屋后曾经引来泉水的竹管残破不堪，寂寞地横搁在杂草之中。那泉眼四面围栏的石板早已经塌坏，泉水四处乱淌，荒草丛生。村中旧人过世，年轻人纷纷离家出走。家门口的小路盖满竹叶。这路所通向的木门上铁锁锈死，屋檐断裂。在这扇门背后，在黑暗的房间里，外婆早年间备下的，漆得乌黑明亮的寿棺早已寂静地朽坏。泥墙上悬挂的纺车挂满蛛丝……再也回不去了！

那个地方与我唯一的关联似乎只是：我的外婆和我母亲曾经在那里生活过……我不熟悉任何一条能够通向

它的道路，我不认识村中任何一家邻居。但那仍是我的故乡……

我不是一个没有来历的人。我走到今天，似乎是我的祖先在使用我的双脚走到今天；我不是一个没有根的人，我的基因以我所不能明白的方式清清楚楚地记录着这条血脉延伸的全部过程；我不是没有故乡的人——那一处我从未去过的地方，在我外婆和我母亲的讲述中反复触动我的本能和命运，而永远地留住了我。

——《我的阿勒泰》之《我家过去年代的一只猫》

融入野地

终究，李娟跟随着自己的母亲，或者说跟随着自己的命运，远离了生命的来处，把80多岁的外婆也从故乡的土地上连根拔起，带到了偏远北疆寒冷的荒野中。或者说，新疆是李娟和母亲、外婆的命运之路、应许之地，一家三口三代女人在这里辗转求生，他们和哈萨克族牧民一样，贴伏、沉潜在大地的深处，深深地依恋着这片神奇的大地。

我们第一次随转场的牧民来到沙依横布拉克夏牧场的那一年，刚刚一下车，就对这里不抱信心了。那时，这里一片沼泽，潮湿泥泞，草极深。一家人也没有，只有河对面远远的山坡上驻着两三顶毡房。……我八十八岁的外婆披着大衣，拄着拐棍，在一边急得想哭，但是一点儿忙也帮不上。……

——《我的阿勒泰》之《我们的家》

这里便是中国的北疆阿勒泰，自然条件无比恶劣，生活无比艰苦，各种各样我们难以想象的磨难接踵而至：

那一年，雨水出奇的多。连续两个月的时间里，几乎每天都会下一场雨。其中最大的一场雨没日没夜地，绵绵下了一个多星期，中间几乎没停过一分钟。河水暴涨，道路冲断。

直到八月份，天气才慢慢地缓和过来。草地上干了一些，但那时又开始刮风。几乎每天下午都刮得昏天暗地，把我们家方方正正的帐篷吹得跟降落伞似的，整天圆鼓鼓的。有一天夜里，正睡得香呢，突然一阵急雨打在脸上被子上，原来我们可怜的帐篷顶给风雨掀掉了，于是我们全家人半夜爬起来跑出去追屋顶。

——《我的阿勒泰》之《我们的家》

在那样的帐篷里生活，漏雨是常有的事：

好在我们都是聪明人，很快就想出好办法来：用绳子把一只又一只零零碎碎的塑料袋子挂在顶篷下面，哪里漏就对准哪里挂上一只袋子，等那只袋子里的水都接满了，溢出来了，于是又在溢出来的地方再挂一只塑料袋。……

回过头来说我们的办法——其实也不是万无一失的。有一次，一个鼓鼓胀胀的塑料袋子不知怎么的突然裂开了，而我碰巧正站在那个袋子的正下方微笑着面对顾客……

——《我的阿勒泰》之《我们的家》

难得的是，李娟一家逐渐融入此地，被哈萨克族牧民社会所接纳，他们不再是"外人"了。

……漫长的劳动使阿克哈拉的土地渐渐睁开了眼睛。它看到了我们，认清我们的模样，从此才真正接受了我们。

这两年，新房子也修好了，井也挖了，院子里种下的树苗也活了几棵。又赶上"新农村建设"，我们家院墙也被村委会派人粉刷了一遍。村里再没人把我们当"外人"了。

——《我的阿勒泰》之《属于我的马》

然而，要真正融入这里的自然环境，融入沼泽、森林、沙漠又谈何容易！

　　最绿的绿，是阴影的绿。阴影冰冷地沉在大地上，四处是深厚浓黏的苔藓，苔藓下是一层又一层的，铺积了千百万年的落叶。……这森林中的每一片叶子都是沉重深暗的，每一片叶子都深不可测，似乎每一片叶子都能够陷进另一片完整的森林……

　　…………

　　……森林之于我们，真是一种最为彻底的陌生呀！它满载成千上万年的事物，爆发一般猛烈地横陈在我们几十年的寿命面前……我们不但时间不够，我们连想象力也不够啊……

　　　　　　　　　　——《我的阿勒泰》之《木耳》

终于有一天，当李娟和母亲在森林里找到了木耳，才感觉被真正地接纳了。

　　我看到枝梢上凝结着指头大的一小团褐色的、嫩嫩软软的小东西。像是一种活的、能蠕动的小动物，像个混混沌沌、懵懂未开的小妖怪。那就是木耳。

至此，我们的采木耳生涯总算是发现了第一根小线头。从此源源不断地扯出来一些线索，沿着木耳的痕迹一路深入行进，渐渐地摸索进了这深山中最隐蔽的一些角落。

而之前那些同样在深山老林里的生活，回头再想来，不过是抱着一段浮木在这山野的汪洋中来回漂移而已。

——《我的阿勒泰》之《木耳》

最后一朵木耳

当李娟和母亲走进深山最隐蔽的角落，当大地的秘密向她们敞开，北疆是不是应该算作李娟的故乡了呢？在李娟看来，似乎并非如此：

我在新疆出生，大部分时间在新疆长大。我所了解的这片土地，是一片绝大部分才刚刚开始承载人的活动的广袤大地。在这里，泥土还不熟悉粮食，道路还不熟悉脚印，水不熟悉井，火不熟悉煤。在这里，我们报不出上溯三代以上的祖先的名字，我们的孩子比远离故土更加远离我们。哪怕在这里再生活一百年，我仍不能说自己是个"新疆人"。

——《我的阿勒泰》之《我家过去年代的一只猫》

但是，作为荒野，北疆却是所有人的故乡，是生命的原乡。在这里，自然地貌千万年不变，人们的劳作方式和生活形式千万年不变，那些千万年不变的欢乐和悲伤、歌舞和习俗在《我的阿勒泰》一书中，被强烈感知、反复书写：

> 牧人们的食物似乎永远都只是牛羊肉、奶制品、面粉、盐和茶叶。简单，足够满足需要，并且永远没有浪费。吃着这样的食物长大的孩子，健康，喜悦，害羞，眼睛闪闪发光。
>
> ——《我的阿勒泰》之《木耳》

> 那些猎人和鹰之间，和这片追逐狩猎的大地之间的古老感人的关系，到了今天，真的就什么也不曾留存下来吗？总觉得眼前的这架鹰的老人，太不真实了——作为正在不断消失的古老事物之一，他周围的那圈空气都与我们所能进入的空气断然分离着，并且还有折射现象。
>
> ——《我的阿勒泰》之《弹唱会上》

据说在更早的时候，哈萨克有一个传统礼俗是：自家放养的牛羊马驼，都只是作为供自己和客人享用的食物而存在的，是不可以作为商品出售来谋取额外利益的。也就是说，若是一个根本不认识的人突然走上门了，他也许会立刻为这人宰羊烹肉，慷慨地款待他；但是，若对方要出钱买羊的话，出再多的钱也不会卖。

虽然到了如今，这种礼俗在大时代的冲击下早就所剩无几了，但那种忍抑欲望的古老精神是不是仍然不着痕迹地深埋在这个民族的心灵中？

有一则近些年发生的故事是：一个到夏牧场收购活羊的商人，看中了一家牧人的一头大尾羊，但报出的价格主人不满意，于是双方开始讨价还价。一直折腾到天黑双方都不松口，商人只好留宿一夜，隔天再启程。结果到了晚宴时，主人直接就把那只被争执了一整天的大尾羊宰杀待客了。

——《我的阿勒泰》之《木耳》

然而，随着现代生活的到来，"更多事物分秒不停地到来，并且还在加速。最巨大的变化就是种种巨大的变化都开始无影无形，几乎无从感知"。

比起蝗虫，羊群的规模更为庞大，并且发展态势更是不可阻挡。我们所有的行为都向羊的利益倾斜，其实是向自己的利益倾斜——我们要通过羊获得更宽裕的生活，什么也不能阻止我们向着无忧无虑的浪费一步步靠近。我们真强大，连命运都能控制住了。

············

可是，这是不祥的……自然界的宏大程序继续有条不紊地一步步推进，无可抗拒。尽管什么也看不到什么也感觉不到，只能以本能的敏感去逼真地体验些什么。

——《我的阿勒泰》之《蝗灾》

……哈萨克牧人虽然曾经也有过自己的猎人，但他们总是严格遵循野生动物繁殖规律进行着狩猎行为。他们敬畏万物。他们古老的礼俗中有一条是：尽量不食用野生动物和鸟禽，只以自己饲养的牛羊、自己生产的乳制品，以及这些东西的交换物为食物。哪里像眼下这些人这般肆无忌惮！也许，正因为哈萨克牧人们与周遭环境平等共处，才能平平安安地在这里生存了千百年。不知道我们这些人又能在其中维持多少年。

——《我的阿勒泰》之《木耳》

因为无休止的贪欲，森林里的木耳消失了。

……木耳没有了，像是从来都不曾有过一样地没有了……森林里曾经有过木耳的地方都梦一样空着，真的什么也找不到了……大风吹过山谷，森林发出巨大的轰鸣。天空的蓝是空空的蓝，大地的绿是什么都不曾理会过的绿。木耳没有了，从此森林里的每一棵倒木再也不必承受什么了，它们倒在森林里，又像是漂浮在森林里。

…………

那一天我一个人走进森林，看到浓暗中闪烁着异样的清晰。我走了很远，看到前面有人。那是我妈，她还在找。我远远地一眼看到她手边不远的地方有一朵木耳。那是整个世界上最后的一朵木耳。静静地生长着，倾听着。

——《我的阿勒泰》之《木耳》

木耳消失了，现代人正在随之失去自己的原乡。我们能否守护好世界上最后的一朵木耳呢？

小结

自然是生育我们的母亲，是养育我们的家园，是人类生命的来处与归处。如何看待和处理人与自然的关系，是人类文明面对的永恒课题。

李娟用《我的阿勒泰》告诉我们：在流动的现代性中，我们正在失去自己的故乡；而当世界只剩下最后一朵木耳，我们还将失去所有人的原乡。我们将没有生命的来处，也没有灵魂的归处。

第五讲　成为自己

——记住，《走夜路请放声歌唱》

"树为什么要开花？因为它是开花的树。"这是哲学家海德格尔的一句经典名言，深刻地揭示了"发现自己"和"成为自己"的重要性。

作为一名教育工作者，我常常思考并且渴望寻找到一个人成长、成才与成功的秘密，我希望能够从社会各领域的成功人士身上找到某些共性，以指导我们的教育工作，但最后却发现，这些共性并不会体现在他们的外在表征上。事实上，他们看起来千差万别、各式各样，秘密往往存在于他们的心灵深处。其实，我们每个人都带着自己的天生禀赋、生命基因、遗传密码而来，都要走过自己的一生。有些秘密潜藏着，等待着绽放，一旦生命中某种先天的秘密与生活中某些外在的机缘悄然相遇，欣然相碰，便可能发生化学反应，导致奇迹的出现、人才的生成，比如美国心理学家马斯洛发现的"高峰体验"，奥地利心理学家阿德勒提出的"自卑与超越"等。

还记得在阅读《阿勒泰的角落》一书中《深处的那些地方》一文时，有一段描写和一种感悟十分打动我：

帐篷外面的草长得更为汹涌，阳光下一览无余地翻滚着。看久了，似乎这些草们的"动"，不是因为风而动，而是因为自身的生长而"动"似的。它们在挣扎一般地"动"着，叶子们要从叶子里逃脱出去，花要逃离花儿，枝干要逃离枝干——什么都在竭力摆脱自己，什么都正极力倾向自己触摸不到的某处，竭力想要更靠近那处一些……我抬头望向天空，天空也是如此，天空的蓝也正竭力想逃离自己的蓝，想要更蓝、更蓝、更蓝……森林也是如此，森林的茂密也在自己的茂密中膨胀，聚集着力量，每一瞬间都处在即将喷薄的状态之中……河流也那么急湍，像是要从自己之中奔流出去；而河中央静止的大石头，被河水一波又一波地撞击，纹丝不动，我却看到它的这种纹丝不动——它的这种静，也正在它自己本身的静中，向着无限的方向扩散……我在强烈明亮的阳光下又站了一会儿……几乎是很难受地想：这世界在眼睛所能看到的运动之外，还有另一种运动吗？这"运动"的目的不是为了"去向什么地方"，而是为了"成为什么"吧？

——《阿勒泰的角落》之《深处的那些地方》

在李娟看来，万物"运动"的目的并不是为了去向什么地方，而是为了"成为什么"，成为什么呢？当然就是成为他自己！

李娟是如何发现自己和成为自己的呢？让我们追寻一位天才作家的成长踪迹，从中找到可资借鉴的成长养分吧。

两个李娟

《走夜路请放声歌唱》是李娟作品中"最为私人"的一本，袒露了她生命的来处，记录了她一路走来的足迹和步履。阅读这本书，我们会看到曾经有两个李娟在默默生长，会发现她们如何找到彼此并且合二为一。

我们先来梳理第一个李娟的人生轨迹吧。我们从《踢毽子的事》《户口和暂住证的事》《十个碎片》《菟丝花》《十八岁永不再来》《最坚强的时刻在梦里》《报应》《最渴望的事》《小学坡》等篇章中提取相关信息，按照时间顺序整理如下：

幼年时的李娟有时和妈妈一起生活在新疆，她是个温柔安静的好孩子。"我母亲说我只在刚生下来时，被医生倒提着，拍打了两下屁股，才'哇'地哭了两声。从此之后就再也没哭过了。生病了、肚子饿了、摔跤了，最多只是'哼哼'地呻吟两下。甚至三岁那年出了车祸，腿给碾断了，都没有实实在在地哭出来一声。""五岁的时候，体重只有十一公斤半，还不及八个月大的婴儿重。"

有时和外婆生活在四川：

　　还有一次，我五岁。外婆对我说："我们没有钱了。"使我生命中第一次感觉到了焦灼和悲伤。那时我的妈妈在外面四处流浪，外婆是拾破烂的，整天四处翻垃圾桶维生。我在吃苹果的时候对外婆说："我一天只吃一个，要不然明天就没有了。"很多年后，外婆都能记得这句话。

　　——《走夜路请放声歌唱》之《最坚强的时刻在梦里》

　　七岁时，李娟在四川乐至县和外婆、老外婆一起生活。"我刚从新疆回到内地，水土不服，浑身长满毒疮，脸上更是疮叠疮、疤连疤，血肉模糊。吃一口饭都扯得两颊生痛。所以话就更少说了。但是我不哭。我从小就不哭。"

　　起初李娟在贫穷的日子里坦然生活、自得其乐：

　　我的童年时代一直和外婆、外婆的母亲——我称之为"老外婆"——三个人一起生活。那时，外婆八十岁了，外婆的母亲也一百多岁了。……

　　…………

　　我们祖孙三人，在四川乐至县南于一个普通的天井里生活。我们的房子是那种年代久远的木结构建筑，墙壁是竹篾编的，糊了薄薄一层泥巴。房屋面积不过七八个平方。老外婆的床支在角落里，挂着沉重破旧的深色幔帐。我和外婆睡的床则白天收起来，晚上才支开。除了床以外，我们所有的家私是一只泡菜坛子，一只大木盆，一只陶炉，老外婆床下有几十个蜂窝煤球，十多斤劈柴，还有她的木马桶。床边靠着她的竹椅，再旁边是一把巴掌大的小竹几，对面一步之遥放着一只木柜，此外还有一把板凳。我外婆是拾破烂的，因此，凡能塞点东西的地方，都挤满了她从外面拾回来的瓶瓶罐罐和纸头破布。地面是凸凹不平的泥地，没有铺石板也没有铺青砖。

在我小的时候，从来不觉得这些有什么不好。我们住的那个天井里，其他人家差不多也都是同样的情形。现在想来，都是"穷人"吧？大家都贫穷而坦然地生活着，仔细地花钱，沉默着劳动，能得到则得到，能忽略则忽略。我们这些孩子，则欢乐地在童年中奔跑，在对薄荷糖和兔子灯笼的向往中呼啦啦地长大。

——《走夜路请放声歌唱》之《报应》

七岁时，外婆带李娟到小学坡小学报到，读学前班。当时，"我爬坡爬了一半，就实在爬不动了，我外婆就把我背了上去。"拾破烂的外婆给了李娟无限的爱，"她手上永远拎着一两张顺手从垃圾箱里拾来的纸壳板、一只空酒瓶、一卷废铁丝或一根柴禾。她衣着破旧，但笑容坦然而喜悦。她看到我了。她向我招手。她站了起来。""我的外婆天天坐在坡底的亭子里等我回家，风雨无阻，从不改变。她一手抓着一张纸壳板，另一手握着一个空酒瓶。我们一起往家走。路过南门外的城隍庙，称二两肉；路过'衙门口'那一排大垃圾桶时，逐个看一看，扒一扒。我和她紧挨着，也趴在桶沿上往里看，不时地指点：'那里，那里……这边还有个瓶盖盖……'我外婆是拾垃圾的，我们以此为生。""我外婆一手握着一个空酒瓶，另一只手拿的却是一个新鲜的红糖馅的白面锅盔！她几乎是很骄傲地向我高高晃动那只拿着面饼的手。""我每天走下一百多级台阶，走向堰塘边的亭子。我外婆站在阳光中对我笑。她的围裙鼓鼓地兜在胸前。我走近了一看，又兜着一堆废铜烂铁。"童年李娟"每天放学回家，就帮外婆分类垃圾。那是我最大的乐趣。那些垃圾，那些别人已经不要了的东西，现在全是我们的了。我们可以用它们换钱，也随意使用它们。"

遗憾的是，小学坡小学让李娟的世界失去了平衡，李娟因为折了一枝花枝而被当作真正的贼一样责罚，这让李娟产生因为贫困而低贱而"被抛弃"的悲伤。

　　……春天校园里繁花盛开。操场边有一株开满粉色花朵的树木，细密的花朵累累堆满枝头。我折了一枝，花就立刻抖落了，手上只握了一枝空空的树枝。后来被老师发现了，他们把我带进一个我从没去过的房间，像对待一个真正的贼一样对待我。我七岁。我不是贼。我长得不好看，满脸都是疮，但那不是我的错。我在班上年龄最大，学习最差，那也不是我的错……我们家是拾垃圾的，专门捡别人不要的东西——那仍然不是什么过错呀！……我紧紧捏着那枝空树枝。我被抛弃了。

——《走夜路请放声歌唱》之《小学坡》

因为做眼保健操时没有闭上眼睛，而被老师把眼睛掐出血来，让李娟"进入混乱之中"：

我在小学坡上学。我的学习不好。老师老打我，还掐我的眼皮。因为做眼保健操时，规定得闭上眼睛，我却没有闭。全班同学都闭上了就我没闭。老师就走过来掐了我。我眼睛流血了。可是不敢让外婆知道，只是对她说摔了一跤。因为当时全班同学都闭上了眼睛就我没闭，那是我的错。我似乎有点明白对和错的区别了。这种区别，让我曾经知道的那些都不再靠近我了……它们对我关闭了。我只好沿着世界的另外一条路前进。我在小学坡上学，在学校不停地学习。我学到的新知识越来越多，我的羞耻之心模糊了。却变得更加介意打满补丁的书包和脸上的疮疤。我开始进入混乱之中。我放学回家，第一次，我的外婆没有在亭子里迎接我。我的眼睛不再流血了，但眨眼睛时还是会痛。我一边哭一边独自回家。路过路边的垃圾桶时，还是习惯性地趴在上面往里看，流着泪，看里面有没有有用的东西。

———《走夜路请放声歌唱》之《小学坡》

让李娟"进入混乱之中"的还有家长：

我的同学来我家玩，她们谁都没见过这样的门。很新奇，很高兴，大家站在我家高高的门槛上叽叽喳喳闹了好久，从门板破裂处不时地钻进钻出。我看到她们这样高兴，自己也很高兴。但是后来，她们的家长一个一个地找来了，又打又骂地把她们带走。从此她们就再也不来了。

———《走夜路请放声歌唱》之《小学坡》

"进入混乱之中"的李娟因此对外婆说了一句话：

我在小学坡上学。每天踩一百多级台阶，背着书包，走进校园。我的书包很难看，打满了补丁。在那个时候，我已经知道很多事情的区别了——男和女，美和丑，好和坏。我七岁，已经有了羞耻之心。我背着这书包去上学，开始知道自己与其他同学的区别。我七岁，在学前班里年龄最大。……

我在小学坡上学。我开始酝酿一句话，并找了个机会故作天真地说出它，令我外婆对我愧疚不已。每天快放学的时候，她便到小学坡下堰塘边的亭子里等我，接我回家。

——《走夜路请放声歌唱》之《小学坡》

这到底是一句什么样的话呢？让李娟不愿意重复，让李娟开始了惊天动地、歇斯底里的哭泣，开始了"一生的无所适从""一生的愧意和恨意"。而这一切的渊源，是来自社会的区隔与歧视，来自成人世界的对弱势人群的冷漠与伤害！"我生命的最初是不哭的，我的灵魂曾经是平和而喜悦的，我曾是温柔的……你们伤害我吧！……"

1988年，上小学二年级的李娟受伤入院，妈妈"冲进病房，撕心裂肺地哭喊，对每一个劝阻她的人拳打脚踢，令我很替她难为情。但是我冷，一句话也说不出来，一动也不能动。空空荡荡躺在白色的病床上，牙齿抖得咔嗒作响。""直到两个礼拜之后，我才明白自己伤势多么严重。所有第一眼看到我的人都紧屏呼吸，眼里全是惊骇。"受伤的原因李娟没有记载，我想这仍然属于李娟未能治愈、不能直面的部分吧。对于一个小小的孩子来说，要承受身体和心灵受到的双重伤害，这是一件多么残忍的事情。

1988年，妈妈回四川看李娟时给李娟买了一条裙子，那是李娟生命中"第一次美梦成真"，从此，她明白"你想要什么"原来不是游戏。"一九八八年，我第一次划清想象和现实的界线。而这只是因为：我第一次发现原来我可以过我所希望的生活……这样的解释似乎说不通，但我确信的确如此。我的确发现了两者之间深深隐蔽着的强大的联系物。一九八八年之后，我再也不是孩子了。"让希望和梦想拯救这个困苦中的孩子吧！让希望和梦想支持她走向未来的岁月、走向成年！

其间，李娟在北疆富蕴县上了两三年小学，那是"我还在我妈妈身边的时候，她一直不肯让我上学的，因为我早上总是睡懒觉。我妈可怜我，看我睡那么香，不忍心叫我起床。于是我上学总是迟到，总是被老师体罚。有一次，我妈路过学校，顺道去看我，刚好碰到我正在被罚站。那时全班同学都坐着，就我一个人孤零零站在教室最后面的角落里，背对着大家，鼻子紧贴着墙壁。于是她和老师大吵一架，坚决把我领回了家。她自己买了课本教我识字。那时她是农场职工，白天下地干活，晚上回来陪我玩积木，读童话。那样的日子没有边际。我总是一个人在戈壁滩上安静地玩耍，远处是一排一排的白杨林带，再远处是无边的土地。高大的大马力拖拉机呼啸而来，呼啸而去。我母亲就在那里。"

1992年的夏天，李娟小学毕业，这时的她应该回到了四川。她爱上了邻居家的男孩。"在小学的最后一次假期里，每天都花很多时间跟踪他。"这件事的意义不在这件事本身，而在于某一次遥远的跟踪让李娟发现了水库："我第一次看到如此大面积的水域。那是县城的水库。我无数次听说，却第一次来到。胸膛里第一次打开了一扇广阔、激情的窗子。"李娟后来自己摸索着学会了游泳，还经常一个人"悄悄去水库游泳"，并因此被外婆追打。和这扇被打开的窗子相比，游泳这件事并不那么重要，重要的是那种广阔的、激情的情感体验，它们终将在文字中冲决而出，并让李娟过上希望中的生活。

接下来的经历又十分令人悲伤，李娟接到了重点中学的录取通知书，但却因为没有户口而被学校"拒绝接受"。是的，李娟从小就是一个没有户口的人。妈妈是离职的兵团人，没有单位，非农非工，李娟和妈妈一起当盲流，不停地搬家，换学校。那些年，不知道老师出于什么原因，一个学期里总会有那么一两次非要让没有户口的站起来，这让李娟觉得自己是一个制造意外的人，是个多余的人。

当我还是个孩子时，不知为何竟如此介意这样一件事情。"有户口"这种事，在其他同学们那里是理所应当的，而自己居然没有，肯定就有问题了。而有问题的人还想要继续读书，还装作没事似的和大家坐在一起学习、游戏——这绝对是自己的错！是妈妈的错！是她害我没户口，害我和同学们都不一样，害我如同占小便宜一般地夹在大家中间成长学习着。害我每年都要麻烦老师把我从座位上叫起来一次，仔细地盘问我为什么没有户口——尽管上学期已经盘问过了。那时，教室安安静静，所有人侧耳倾听。老师盘问的每一句话都被这安静和倾听无限地拉长、放大，意味深远。我真是一个制造意外的人，真是个多余的人。

——《走夜路请放声歌唱》之《户口和暂住证的事》

没有户口带来的影响一直持续到李娟后面的人生，她在乌鲁木齐一家地下黑车间打工时只能通宵干活，白天休息，跟耗子似的偷偷摸摸地生活，就算到了阿尔泰山脉深处也不时遭遇巡查。

在八十多岁的外婆来回奔走求人之后，李娟还是以多交费用、常被查问为代价在这所学校上了三年学。

高中时，李娟便辍学回家，做了裁缝店裁缝和杂货店店员。

　　有一次，我决定不上学了。我去找我妈。坐了很久的车，到了遥远山脚下一个从未去过的村庄。……那时我们生活的房间很小很小，顶多十个平方，分为两部分，中间挂了块布帘。前半部分是裁缝店，后半部分铺了床，砌了一个做饭的小炉子。我们的店一共只有四五匹布稀拉拉地挂在墙上。而村里的另一家裁缝店有五六十种布料，五颜六色挂了满满当当一面墙。

　　　　——《走夜路请放声歌唱》之《最坚强的时刻在梦里》

　　然而在命运中左冲右突的李娟"哪一种生活都不能长久地适应"，正如《李娟所在的星球》一文所说："她实在是一个不幸的、没有现实感的外星人。"于是，她在一个又一个城市里尝试，想要找到"一个真正属于自己的、最最合适自己的地方"。

　　她用笔记下了十八岁的她：

　　十八岁，胖乎乎的，眼镜遮住大半边脸，其中一个镜片破裂成放射状。十八岁，双手伤痕累累，血迹斑斑。十八岁，去乌鲁木齐，从没坐过电梯，从没使用过电话。十八岁，没有爱情，从没有过爱情。十八岁，口齿不清，泪水涟涟。

　　　　——《走夜路请放声歌唱》之《十八岁永不再来》

　　此后的她，在牧场和城市之间辗转来回。"有一次，我从打工的工厂辞职回家，那一次我们的家还在深山里，是一面用几根木头撑起来的塑料棚，还没有帐篷结实，勉强能够挡风避雨。"——这是深山里的家。"有一次，我搬家到城里，便立刻把外婆从深山的破帐篷里接来。那个房间空空荡荡，我们所有的家具只有一把折叠的行军床和一根绳子。外婆睡行军床，我直接打地铺。绳子横牵在客厅里，所有衣物和零物什都挂在上面。直到半年后我才有了一张床。又过了半年，床上才铺了像样的褥子。那一年外婆九十三岁。"——这是城市里的家。

　　毫无疑问，城市有更多的机会，以至于"我如此依赖城市，依赖一切陌生的事物。我不停地去适应一场又一场变故，随波逐流，顺从一切、接受一切。"但是城市是无情的：

　　　　我在这个城市的角落里寂静生活，低声与旁边的人交谈，做粗重鄙下的事情养活自己，整天处理一些肮脏的东西，把它们弄得干干净净。我手指粗硬，手指里的血液却鲜活娇艳，它们激动而黑暗地流淌着。有时这血会流到身体外面，伴随着自己的疼痛和身边人的惊呼。那时，我的秘密也开始急剧颤动。但最终流露出来的，只有眼泪。

　　　　　　　　　　　——《走夜路请放声歌唱》之《晚餐》

在城市的黑车间打工时，李娟最渴望的事情是什么？我们不妨来读一读这些文字：

渴望在楼梯拐角处躺下来，头枕在第四级台阶，身子俯在第三第二级，腿搁在第一级，然后垂下整个身体，轻轻停在楼梯拐角处的水泥地上。

那该是多么舒服、幸福的事情！可说出去，大约谁都无法理解。

……………

……那时我抱着厚厚的一叠布料，或是疲惫地空垂着手，在楼梯拐角处走过，并强烈渴望能在楼梯拐角处躺下来，头枕在第四级台阶，身子俯在第三第二级，腿搁在第一级，然后垂下整个身体，轻轻停在楼梯拐角处的水泥地上……强烈地渴望，为此甚至流出了眼泪——那时多瞌睡啊！那时一连工作了二十个小时，或是三十个，最长的一次连续工作了五十个小时……

……………

我一生有过的所有宏大的、强烈的愿望，和在楼梯拐角处稍躺一会儿这个小小的要求比起来，都是那么脆弱、可笑，一触即坍塌毁亡……我真想在那时，在那几级楼梯上躺一会儿啊。多少次，想得眼泪涟涟……那个时刻的自己，是今后无论再强大、再勇敢的自己都无法安慰的。

——《走夜路请放声歌唱》之《最渴望的事》

好在，尽管"生命一直陷落在那些岁月里"，尽管"世上竟会有那么多的悲伤"，尽管对于李娟来说，最坚强的时刻似乎只是在梦里，但她"最终还是成为了自己最想成为的样子。"

支持她成为自己的，除了希望和梦想，还有另一个李娟。李娟在《走夜路请放声歌唱》一书的新版序中追踪了这个李娟成长的草蛇灰线：这个李娟在三岁时还不会说话，但却会用树枝在泥地上认真地描画出一个个小人；在小学一年级刚刚学会拼音和有限的几十个字后，就开始给远在新疆的妈妈写信；在小学二年级人生中的第一节作文课上，李娟记述了当天的一场雪，被老师当堂朗读；在初中二年级加入学校的文学社，文字第一次被印在社刊上面；1998年第一次投稿，并得到发表；2000年冬天，完成第一部书稿；2003年春天，第一本书《九篇雪》初次出版，李娟开始正式写作。

不能被忽略的，还有《童话森林》一文所写的九岁时的阅读经历："我九岁的时候，花一个暑假的时间看完了相当厚的一本繁体字的童话书。""那些文字，每一句都长满了叶子，开满了花朵，重重阻塞视线。""我九岁那年的夏天，天天坐在家门口高大的白蜡树下，封闭了耳朵和触觉，终日捧着那本书深深地阅读。能读懂的地方就顺水推舟地滑跃过去，感觉到蜻蜓点水后的涟漪，一环一环荡漾开去。水波清澈，水中倒影似曾相识。""后来我十岁，十一岁，十二岁……一年一年地远离着九岁的时光，可是无论什么时候回头张望，总能看到九岁的自己坐在垂满蜻蜓翅子形状种子的白蜡树下，捧着厚厚的一本书，沉浸在深深的阅读中。无论怎么呼唤，也不答应一声，不抬头看一眼。那书里的文字枝繁叶茂，重重阻塞着内容本身，使后来的我，无论怎样回想，也想不起那本书到底都写了些什么。"

甚至不是内容，而只是枝繁叶茂的文字本身，带领李娟，一步一步走出命运阴暗而又繁复的迷宫，走向人生的开阔地。

撬起生活

是啊，生命的源头不可溯及，写作的源头也隐秘无尽，对于李娟来说，或许生命和写作共有一个源头，这个源头便是两个李娟合二为一的秘密，是李娟撬起生活的支点、顽强崛起的秘密。她说：

> ……我有这许多的文字，我有写这些文字的热切和耐心。我写出它们时，总是心怀种种沉重的渴求，总是不写

绝不能释然。我不知道别人是怎么生活的，不知别人撬起生活的支点都暗藏何处。但对我，可能就是文字吧。我总是借助文字，在每一个"当时"打开道路，大步走出。又借用同样的文字，在每一个"后来"沿路返回，看清自己。

——《走夜路请放声歌唱》初版序

在城市的角落里，李娟写下一行行文字："我写一些事实上不是那样的文字。试图以这样的方式，抠取比事实更接近真实的东西。"

我在这里，说着一些话，写出一些字。但其实一切并不是这样的，我说什么就抹杀了什么，写什么就扭曲了什么。

比如我每写下一个黄昏，就会消失一个黄昏。到头来，只剩那些写下的文字陪伴着我，只有那些文字中的黄昏永远涌动着晚霞，只有那里的西方永远低悬着红日。

而你——如盲人摸象，我以文字摸索你。微弱地有所得知。我所得知的那些，无所谓对错，无所谓真假，无所谓矛盾，仅仅只是得知而已，仅仅只是将知道的那些一一平放在心中，罗列开去，并轻轻地记住。面对满世界纷至沓来的消失，我只能这样。

——《走夜路请放声歌唱》之《晚餐》

在回家的路途里，李娟写下一行行文字："我到了富蕴县，继续等车。网吧里空气很差。时间一分一秒过去，不知妈妈回家没有。时间正在过去，而我坐在网吧里无力地消磨这时间。我敲出这些字的时间，明明应该在家里度过。应该以这些时间来坐在家中，继续等待妈妈回来。并在等待的时候，喂鸡，生火，抚摸赛虎。"

对于李娟来说，写作始终都是、"至今仍是""妙不可言的滋生与依傍。"很快，她的文字凭借网络传播开来。

> 网络，这个世间最便捷的沟通方式，为我搬移大山，分开海水，穿过荆棘和荨麻的原野，飞越空谷断崖……让我迅速离开，让我迅速抵达，让我全部展示出来，让我轻易地打开你们的眼睛。
>
> ——《走夜路请放声歌唱》之《在网络里静静地做一件事情》

哲学家周国平曾经这样谈到写作："外在的眼睛不使用，就会退化，常练习，就能敏锐。内在的眼睛也是如此。对于我来说，写作便是一种训练内在视力的方法，它促使我经常睁着内在的眼睛，去发现和捕捉生活中那些显示了意义的场景和瞬间。只要我保持着写作状态，这样的场景和瞬间就会源源不断。相反，一旦被日常生活之流裹挟，长久中断了写作，我便会觉得生活成了一堆无意义的碎片。事实上它的确成了碎片，因为我的内在眼是关闭着的，我的灵魂是昏睡着的，而惟有灵魂的君临才能把一个人的生活形成为整体。所以，我之需要写作，是因为惟有保持着写作状态，我才真正在生活。"

对于李娟来说，情况似乎类似，又似乎有所不同，类似的是写作者"内在的眼睛"和写作内容"那些显示了意义的场景和瞬间"，不同的是周国平的写作为了真正的生活，而李娟的写作源于内在的生命。

放声歌唱

《走夜路请放声歌唱》全书内容分为上下两大篇，上篇名为"时间碎片"，下篇名为"时间森林"，而下篇的17篇小文中有一篇《走夜路请放声歌唱》。正如《九篇雪》一书用了《九篇雪》一文的篇名做了书名，《走夜路请放声歌唱》一书用了《走夜路请放声歌唱》一文的篇名做了书名，这么做的理由我想是一样的，那就是这一篇是这一本中最重要的篇章，代表着作者通过这一本书想要跟读者分享的最核心的人生感悟："胸腔里刮最大的风，嗓子眼开最美的花。唱歌吧!!"

……夜行的人，再唱大声些吧!歌唱爱情吧，歌唱故乡吧！对着黑暗的左边唱，对着黑暗的右边唱，再对着黑暗的前方唱。边唱边大声说："听到了吗？你听到了吗？"夜行的人，若你不唱歌的话，不惊醒这黑夜的话，就永远也走不出呼蓝别斯了。这重重的森林，这崎岖纤细的山路，这孤独疲惫的心。

…………

……像火柴在擦纸上擦了好几下才"嗤"地引燃一束火苗，你唱了好几句才捕捉到自己的声音。像人猿泰山握住了悬崖间的藤索，你紧紧握住了自己的声音，在群山间飘荡。那时我就站在你路过的最高的那座山上的最高的那棵树上，为你四面观望，愿你此去一路平安。

…………

……大声地唱啊唱啊，直到唱得完全打开了自己为止，直到唱得完全离开了自己为止。

——《走夜路请放声歌唱》之《走夜路请放声歌唱》

《走夜路请放声歌唱》一文与其说是一篇散文，不如说是一首诗，其中充满诗意的跳跃和隐秘的象征，但李娟常常忍不住直抒胸臆：用歌声惊醒黑暗，用歌声引燃光明，用歌声照亮回家的路，用歌声架设沟通的桥，用歌声安抚疲惫的旅途……

人生恰如夜行，黑暗漫无边际、重重叠叠，唯有找到自己的声音，才能找到出口；唯有勇敢地唱出自己的声音，才能从出口冲决而出。李娟找到了文字，让两个自己、让神秘的天赋与人生的机遇相遇相碰，希望我们每一个人都能发掘自己，都能与隐藏最深的自己素面相对，并最终成为自己。

小结

找到自己，成为自己，做最好的自己，这是个人成长的最佳目标，也是学校教育的最好定位。

李娟用《走夜路请放声歌唱》告诉我们：无论他人有多少偏见，无论社会有多少恶意，无论世界有多少黑暗，都不要熄灭自己的光亮。而当一个人渴望成为自己的时候，没有任何力量可以遮蔽，没有任何力量可以覆盖，没有任何力量可以阻挡。

第六讲　游牧之民

——走出来的《羊道》三部曲

　　众所周知，中国是一个历史悠久、文化深厚的农业文明国家，费孝通先生的《乡土中国》一书对中国基层社会的社会性质、社会结构、社会治理和社会变迁进行了深刻的阐发，第一篇《乡土本色》中"种地是最普通的谋生办法"一句，是其论述、阐发的基础。正是种地这种生产方式带来了"聚村而居"也就是"村落"这种社会结构，也正是种地和"村落"涵养了中国人"土气"的文化性格，也导致儒家文化、礼治秩序成为维持社会结构稳定的主流意识形态。种地这种生产方式就是农业，"村落"这种社会结构就是农村、"土气"的中国人就是农民，农业、农村和农民合起来就是我们常说的"三农"。在传统中国向现代中国转型的进程中，"三农"问题是非常突出的问题，也是大多数中国人切身相关的问题。

　　实际上，费孝通先生所论"乡土中国"是主体的、基层的中国传统社会，在中国广袤的版图上，还存在着其他的生产方式以及由其他的生产方式所决定的社会形态，尤其是在中国地图上以英文字母C的样式分布的少数民族，有不少是游牧民族。在李娟的生活经历中，与她切身相关的多是生活在北疆地区的游牧民族哈萨克族；在时代大潮一浪一浪的拍打中，她所关注和关心的，是哈萨克族牧民的劳动、生活与梦想。2007年春天，李娟跟随哈萨克族牧民扎克拜妈妈一家，深入牧场参与牧业劳动、体验牧场生活。之后，她用了三年多时间写成四十多万字的《羊道》。2012年首次出版时按照时间顺序分为《羊道·春牧场》《羊道·前山夏牧场》《羊道·深山夏牧场》，三本书的内容各自完整、独立，分别写的是——

《羊道·春牧场》：春天到来，积雪融化，李娟和扎克拜妈妈一家从乌伦古河畔的春牧场吉尔阿特牧场迁往额尔齐斯河北岸的春牧场塔门尔图。

《羊道·前山夏牧场》：晚春时节，他们转场至紧傍森林、水草丰茂的夏牧场冬库尔。

《羊道·深山夏牧场》：进入雨季，他们再次转场到阿尔泰山脉高海拔地区的吾塞夏牧场，那是一片林海中的孤岛，空气透明凉爽，草木葱茏茂盛。

三本书合起来又是一个整体，一部完整的游牧之民的生活景观和心灵景观的记录。李娟书写了游牧之民循着羊道的迁徙之途，书写了荒野之上人的生活和羊的生活。

牧业：艰苦的转场

说到牧业，必须说的便是艰苦的转场；说到转场，必须说的便是曲折的羊道。

什么是羊道？顾名思义，羊道就是羊走的道路。盛唐诗人李白在《蜀道难》中写到"鸟道"："西当太白有鸟道，可以横绝峨眉巅。""鸟道"是只有飞鸟才能通过的道路，诗人用以比喻极其险峻难行的山路。和"鸟道"一样，羊道也是险峻陡峭的山道，不过，它们不仅是羊走的道路，它们还是依赖着羊的供给、逐水草而居的哈萨克族牧民必走的生命之途。循着物候的变化和大自然的安排，循着羊道，哈萨克族牧民南下北上，来回穿梭，不断迁徙。这就是牧业的特点，决定了牧场的种种习俗和传统，牧民的命运与个性也由此而来，在宏阔的自然背景和强大的文化背景下展开与呈现。

著名新疆作家刘亮程在谈到获得2023年茅盾文学奖的长篇小说《本巴》的创作缘起时说到了羊道：十多年前，刘亮程前往位于准噶尔盆地西北边缘的新疆和布克赛尔蒙古自治县旅行，看到"羊道遍布每一片山谷草原"，"那是羊走了几千几万年的路，深嵌在大地"，他为此深受震撼，跑遍草原和山区，认识了许多牧民，他开始读蒙古族史诗《江格尔》，感动于史诗的天真带给部落的希望与力量，感慨于人类的童年时代对时间的绚丽想象，自此他萌发"写一部天真的小说"的念头，十余年来，这个念头由初生渐至扩大，最终成为长篇小说《本巴》。

另一位新疆作家方如果在新疆塔城塔尔巴哈台山和托里玛依勒山之间，发现了一条长达三百多公里、有着三千多年固定转场历史的古老牧道，并将它命名为塔玛牧道。至今，每个转场季节，仍有百万牲畜延绵不绝走过这里，它是世界现存的规模宏大的草原转场牧道，是游牧文明的奇观。

刘亮程为这条雄奇壮观的塔玛牧道撰文《游牧之道》，文中说，这条牧道，首先是风道："老风口是进去玛依勒山区冬窝子的唯一通道，也是塔城盆地和准噶尔盆地气候交流的孔道。在这条宽阔的山谷地带，风要过去，四季转场的牛羊要过去，东来西往的人要过去。风过的时候人和羊就得避开，风是这条路上的最早过客，后来是羊和其他动物，再后来是人。""风要过去，谁也挡不住，缝牛皮也好，植树造林也好，都不能阻止风过去。""老风口刮大风时，羊群都躲在洼地避风，耐心等风停。羊不着急，牧羊人也不急。……羊和牧羊人都知道，此刻天底下最大最急的事情就是刮风。风不过去，谁都别想过去。"文中还说，在牧道和公路的上方，还有一条黑色的鸟道："鸟在人的道路开通前，早已学会靠羊道生活，鸟在高空眼睛盯着牧道，羊群来了就落下来，站在羊背上找食物。粘在羊毛上的草籽，藏在羊毛里的虫子，都是好吃食。每群羊头顶上，有一群鸟。鸟是牛羊的医生和清洁工。牛背上的疮，全靠鸟时刻清理蛆虫，直到痊愈。羊脊背痒的时候，就扭身子，往天上望。鸟知道羊身上有虫子了，飞来落在羊背上，在厚厚的绒毛里啄食。""鸟很依赖羊。有的鸟老了，飞不动，站在羊背上，搭便车。从春牧场到夏牧场，又回来。就差没在羊毛里做窝下蛋。"

在这篇文章中，刘亮程也写到了牧民的转场："春天是羊难过的季节。转场开始了。牧民收起过冬的毡房。羊群自己调转头，跟着消融的冰雪往上走。雪从羊度过漫长冬季的'冬窝子'，一寸寸往远处山坡上消融。那是一条羊眼睛看见的融雪线。深陷绒毛的羊眼睛里，一个雪白世界在走远。""转场对牧人来说是快乐的事，毡包拆了搭，搭了拆，经过一片又一片别人的草地，赶着自己的羊，吃着别人的草，哼着悠长的歌，一切都是天给的。羊动动嘴，人动动腿，就啥都有了。"写到了春牧场和夏牧场："新疆的春天从4月开始，7月到9月才是夏天。夏牧场，就是7月到9月的牧场。从春牧场开始，羊踏着泥泞走，追着草芽走，草长半寸，羊走十里，前面羊啃秃的草，又被后面的羊啃秃。一棵草被啃秃十次长出十次，别处的草结果了它还在努力地长叶子。一直长到草头伸到风中，看见最后的羊群走远，牧人驮在马背的毡包转过一个山弯，再看不见。""夏牧场的青草是给活到夏天的羊吃着。总有一群一群的羊走到夏天。夏牧场，在哈萨克语里叫'节绕'，有节日和喜庆连连的意思。一年四季的转场，就为转到

花开草青的夏牧场。转到夏牧场，就是胜利。""走到夏牧场
的羊，是幸福的，所有的青草被羊追赶上。皮包骨头的羊，在
绿油油的草场迅速吃胖。羊发愁吃胖。这个牧羊人知道。一场
一场的婚礼割礼排成队、赛马、姑娘追、阿肯弹唱排成队。羊
在一旁啃着草侧耳听人热闹。羊和人早就商量好了。啥叫牧羊
人，就是给羊干活的人。人给羊搭羊圈、帮羊配种、接生、剪
羊毛、起羊粪、喂草、看病。人给羊干的最后一个活是把羊
宰了吃了，这也是羊唯一给人做的。羊知道被人养的这个结
果。知道了就不去想，吃着草等着，等剪掉的毛长起来，等啃
短的草长长，等毡房旁熄灭的炊烟又升起来，等到一个早晨牧
人走进羊群，左看右看，盯上自己，伸手摸摸头，抓抓腰，照
胖嘟嘟的尾巴拍一巴掌。时候终于到了。回头看看别的羊，耳
朵里满是别的羊在叫。自己不叫，只是回头看。"

　　在李娟跟随扎克拜妈妈一家循着羊道转场放牧的3个多月
时间里，他们先是从春牧场吉尔阿特搬迁到塔门尔图；晚春时
节他们又开始迁徙，途经可可仙灵到紧傍森林的前山夏牧场冬
库尔扎营放牧；雨季来临，他们再次转场，进入阿尔泰山脉
高海拔地区的吾塞夏牧场。一路上，他们披风沐雨，风餐露
宿，躲过飞沙走石的大风，涉过寒冷刺骨的大水，翻过高耸险
峻的大山，穿过危机四伏的丛林，为羊群寻觅丰美的水草，用
繁重的劳动换取生存、财富和梦想。

　　和前述两位男性新疆作家不同，李娟用伟大的行走贴近羊

道、用灵动而深情的文字描写羊道，讲述人与羊的故事。

在《羊道》三部曲中，"羊道"的第一次出现是在《羊道·春牧场》中，李娟跟随扎克拜妈妈一家从干旱荒凉的春牧场塔门尔图转场到前山夏牧场冬库尔的途中，在碧绿湿润的可可仙灵驻扎时，她举目四望，看到了：

> 这时，东方大山一角耸动着点点白色。再仔细一看：羊群过来了！
>
> 卡西他们来了。
>
> 很快，那边的羊群在一整面山坡上弥漫开来。沿着平行着布满坡体的上百条弧线（那就是羊道）有序前行，丝丝入扣。这时，眼下的整个山野世界仿佛终于从深沉的寂静中苏醒过来。羊群的脚步细碎缠绵地踏动大地，咩叫连天。接着，卡西的红外套耀眼地出现在羊群最后面。
>
> 我立刻拨动快要熄灭的炉火，重新烧茶。
>
> ——《羊道·春牧场》之《可可仙灵》

在视野的东方，在大山的一角，那些平行着布满坡体的弧线就是羊道！在李娟的视线中，羊道就像细长的弧线，有上百条之多，弯弯曲曲，但却平行有序。羊群在牧羊人的照料下循着羊道而来，细碎缠绵地踏动大地，发出连天的咩叫。

此后的路途中，羊道仍然时隐时现，但却辗转相随：

　　过了一个多小时我们才完全穿过这片绿意浓黏的毛茸茸的沼泽地。渐渐地，驼队沿着羊道又走向了高处。翻过一道达坂后，折入一条美丽平坦的山谷，踏上了一条宽宽的、有汽车辙印的石头路。沿途陆续出现了一些木头房子，都是以完整的圆木横垒着起墙搭建的。其中一座居然还抹了墙泥，刷了石灰。由于偏在山野，尤其显得豪华又明亮。原来这条山谷是一处深山定居点（可以四季生活的地方）。定居区和游牧地区到底不一样啊，人居气息浓郁。虽然一路走到头也没见着几个人，总共也不过十来户人家。

　　　　　　　　　　　　——《羊道·春牧场》之《美妙的抵达》

　　在所有雨过天晴的时刻里，天空像舞台的幕布一样华美，我的心像盛大的演出一般激动。我沿一碧万顷的斜坡慢慢上升，视野尽头的爬山松（铺地柏）也慢慢延展。突然回头，满山谷绿意灿烂，最低最深之处蓄满了黄金。水流边的马群深深静止着。视野中，羊道是唯一的生命，只有它们是"活"的。它们在对面斜坡上不时地束合分岔，宽广蔓延。

　　而不远处的另一座山头，斯马胡力静静地侧骑在马上，深深地，又似乎是漫不经心地，凝视着同一个山谷。我看了又看，不知羊群在哪里。但他一点儿也不着急，似乎早已知道这世上没有什么事物会真正丢失。他长时间凝视着山谷底端的某一处。那一处的马群长时间地静止在沉甸甸的绿色中，羊道如胸膛的起伏般律动……这悠长得令人快要哭泣的情景……

——《羊道·深山夏牧场》之《我的游荡》

还有那些深陷在碧绿山坡半腰上的羊道，纤细而深刻。十几条、几十条，甚至上百条并行蜿蜒，顺着山势如音乐般熨帖地起伏扭转。整面山坡鼓荡着巨大而优美的力量。

——《羊道·深山夏牧场》之《相机的事》

羊道是曲折艰险的，搬迁是千辛万苦的，生活是动荡不安的，但因为无比地贴近大地，因为有希望融入其中，牧民们充满了欢乐和热情，对于他们来说，每一次搬家都是一个节日。

"搬家对游牧的人们来说，不仅仅是一场离开和一场到达那么简单。在久远时间里，搬家的行为寄托了人们多少沉重的希望啊！春天，积雪从南向北渐次融化。牧人们便追逐着融化的进程，追逐着水的痕迹，从干涸的荒原一程一程赶往湿润的深山。秋天，大雪又从北往南一路铺洒，牧人们被大雪驱赶着，一路南下。从雪厚之处去往南方的戈壁、沙漠地带的雪薄之处——在那里，羊群能够用蹄子扒开积雪，啃食被掩埋的枯草残根。——在这条漫长寂静的南来北往之路上，能有多少真正的水草丰美之地呢？更多的是冬天，更多的是荒漠。更多的得忍耐，得坚持。但是，大家仍然要充满希望地一次次启程，仍然要恭敬地遵循自然的安排，微弱地、驯服地，穿梭在这片大地上。"

连长着翅膀，能够远走高飞的鸟儿不是也得顺应四季的变化，一遍又一遍地努力飞越海洋和群山吗？

是的，搬家的确辛苦。但如果只是把它当成一次次苦难去捱熬，那这辛苦的生活就更加灰暗和悲伤了。就好像越是贫穷的人越是需要欢乐和热情一样，越是艰难的劳动，就越是得热烈地庆祝啊。

于是，搬家不仅仅是一场离开和一场到达，更是一场庆典、一种重要的传统仪式。对，它就是一个节日！

——《羊道·春牧场》之《盛装的行程》

牧场：坚固的传统

2023年高考语文用沈从文的《社戏（节选）》作为文学性文本阅读的材料，其中一道大题为："文中记述社戏的筹备及演出过程，多处使用'依照往年成例''照习惯''照例'等，含有哪些意味？请结合全文谈谈你的理解。"这里的"'依照往年成例''照习惯''照例'等"所要表达的，正是礼俗社会里坚固的传统。

对于哈萨克族牧民来说，祖祖辈辈沿袭下来的传统也是坚固的。既然搬家是一个节日，当然要郑重其事、隆重对待，首要的便是盛装打扮：

不但牧人们在转场时刻需要盛装打扮，连骆驼们在那会儿也会被装点得格外神气。鲜艳醒目的红色房架子和红色檩条整齐地收拢在它们的大肚子两边，再缘着这两束木架攀挂各种重物。为了防止房架子和檩条两端在行程中被刮坏，还会像套钢笔帽一样为其套上一小截绣花的绿毡套。最值钱的几床被褥高高捆扎在驼背最显眼的位置（哪怕下雨时会最先被淋湿），绸缎的被面朝外折叠，一片金黄绯红。杂七杂八的物什外披盖着家里最美丽的那几块花毡（哪怕最容易被沿途的石壁磨损弄坏）。所有家什都穿着"衣服"。露在外面的木箱穿着木箱的方"衣服"，大锡锅穿着大锡锅的圆"衣服"。连不起眼的塑料储水壶和烟囱，扎克拜妈妈也都给它们各自做了一身合身的套子，包裹得严严实实。这些"衣服"大都用碎毡片缝成，还像绣花毡一样，在上面绣着对称的彩色图案。多么讲究啊。总之，能穿"衣服"的器具尽量给穿上"衣服"。实在遮盖不了的寒酸物什，大家也会想法子将其排得整齐利索，井井有条。

——《羊道·春牧场》之《盛装的行程》

欢欣地、隆重地度过所有在路上的日子，骏马华服地经过沿途人家，最后盛装出现在新的驻扎地，这一幅幅充满了希望和鼓舞的画面，意味着生活在从容而富裕地展开，自信而得体地展现。

牧业在牧场上展开，可以说是牧业造就了牧场，虽然牧民在不同的牧场来回转移，但牧场仍然形成并坚守着自己坚固的传统。

哈萨克族是一个有着深厚文化传统和稳固文化传承的民族，他们在衣食住行各个生活领域，在娱乐体艺等多种活动，在节日庆典、婚俗和宗教信仰等方面都有着自己独特的习惯和特定的仪轨。在李娟的笔下，传统服饰闪闪发光，传统毡房洁净耀眼，传统食物烤馕、塔尔糜、胡尔图、包尔沙克喷香扑鼻，传统乐器"冬不拉"弦音铮铮，传统舞步黑走马奔放热情：

弹唱会上漂亮姑娘真多，全是从城里来的。老头儿们也着实修饰了一番，不约而同地戴上了豪华隆重的传统帽子。一顶一顶，蒙着绸缎的面子，翻着狐狸皮的金毛，又高又沉，也不管会不会挡住后面观众的视线。小孩子们一个个被包裹得花花绿绿，闪闪发光。尤其是刚刚举行过割礼仪式的孩子，还披着金丝绒斗篷，背后挂着猫头鹰或白天鹅的羽毛，神气活现。最出风头的是一个三四岁的小孩，穿着一件半旧的蓝色条绒坎肩。坎肩前前后后竟然密密麻麻缀了一百多枚古老的纽扣，每一枚都独一无二。其中不少都是纯银的。门襟上还缝着好几枚中亚国家的银币。还有一枚是中国旧时的银圆"蒋大头"。这件坎肩一看就知道是一件传家之宝，相当耀眼。

　　——《羊道·深山夏牧场》之《期待已久的弹唱会》

　　在这个白房子里，我还喝到了这一路以来最最美味的奶茶，是用香喷喷的红茶煮的而不是茯茶。女主人还为我挖了一大块黄油泡进茶碗里，还添了一勺煎过的塔尔糜（形似小米的一种传统食品），令人备感幸福……

　　——《羊道·前山夏牧场》之《另外两家邻居》

　　冬不拉是哈萨克的传统弹拨乐器，很多家庭的墙壁上都挂着这样的琴。

　　——《羊道·深山夏牧场》之《孩子们的吾塞》

世上几乎每个民族都有自己的传统舞蹈，人人都能通过自己熟知的舞姿满满当当地获取所需的欢乐。当哈萨克族的黑走马孤独地出现在世界上别的角落时，也许是黯然简拙的，但在此刻，它出现在了这里——在最恰当的地点与最恰当的氛围之中。像河流吮纳支流，像河流断开瀑布，像河流汇入海洋——水到渠成地出现在这里，出现在了此刻。于是，就再也没有比它更恰当的舞姿了！人们展开双臂，尽情勃发着身体的鲜活。满场的舞者热烈而深沉。

——《羊道·前山夏牧场》之《六月的婚礼》

就连哈萨克族男孩的游戏摔跤也要按照严格规定的传统动作进行：

两个小男孩开始玩摔跤，还摔得像模像样。只见两人交叉双脚站立，搂住对方，互相扯住对方背后的裤腰，膝盖微曲，脚趾紧紧地抓地——这些都是严格规定的传统动作。然后斯马胡力一声令下，两人你前我后较量起来。兄弟俩各有输赢，毫不含糊。

——《羊道·深山夏牧场》之《孩子们的吾塞》

事实上，小孩子也深深地浸润在这样的传统之中，逐渐长大成人：

　　哈萨克人上门做客通常都是郑重的事情。哪怕两人还是孩子，也带有礼物：一块用旧的软绸包裹的风干羊肉和几块胡尔图（脱脂酸奶制作的干奶酪，汉族人称之为奶疙瘩）。

　　　　　　　　　　——《羊道·春牧场》之《荒野来客》

　　哪怕只是十多岁的孩子们的聚会，吃肉前还如此郑重地依从传统仪式。

　　　　　　　　　——《羊道·前山夏牧场》之《寂寞舞会》

在哈萨克族的诸种传统中，最动人的莫过于好客与互助礼俗，毕竟在地广人稀的北疆，一旦客人散尽，"寂静得就像阿姆斯特朗到来之前的月球表面。"《羊道》三部曲中多次写到了这一动人的礼俗：

　　给路过自家门口的搬迁驼队准备酸奶，是哈萨克牧民的传统礼性。黏糊糊的酸奶是牛奶的华美蜕变，又解渴又充饥。对于辛苦行进在转场途中的人们来说是莫大的安慰。

　　　　　　　　　　——《羊道·春牧场》之《荒野来客》

到达驻地后，若附近已有先到的人家，很快就会收到他们送来的茶水和食物。尽管人烟稀薄，也少有孤军奋战。传统的互助礼俗是游牧生活的重要保障。

——《羊道·前山夏牧场》之《路上生活》

据说哈萨克牧人有句谚语是：财产的一半应属于客人。意为招待客人得尽心尽力。如果有客上门，即使主人不在家，客人也可以自由取用主人家的食物，使用主人家的炉灶（因此牧人的毡房不上锁）。而为来客宰羊设宴，则是传统礼性。

——《羊道·深山夏牧场》之《真正的宴席》

在哈萨克族的诸种传统中，最能给予现代生活启示的莫过于对自然的敬畏与爱护：

……傍晚时分，我和妈妈走遍小山四周，将这段时间产生的所有垃圾清理干净，集中在一起焚烧。玻璃瓶之类无法烧毁的东西就挖坑深埋。总之，大地之上不能遗留任何阻碍青草生长的异物。可能这是牧人们古老的习惯与要求吧。

——《羊道·春牧场》之《涉江》

而一只羊在它的诞生之初，总会得到牧人们真心的、无关利益的喜爱。它们的纯洁可爱也是人们生命的供养之一啊。羊羔新鲜、蓬勃的生之喜悦，总是浓黏、温柔地安慰着所有受苦的心和寂寞的心。这艰辛的生活，这沉重的命运。

因此，在宰杀它们，亲手停止它们的生命时，人们才会那样郑重——人们总是以信仰为誓，深沉地去证明它们的纯洁。直到它们的骨肉上了餐桌，也要遵循仪式，庄严地食用。然而，又因为这一切所依从的事关"命运"，大家又那么坦然、平静。

——《羊道·春牧场》之《羊的事》

当然，在哈萨克族的诸种传统中，也有一些可能让我们难以解释也难以理解的做法，比如"长孙如幼子"，一个家庭的头生子往往被父母赠送给爷爷奶奶，成为爷爷奶奶的幼子。再比如，一般人家给孩子取名，要么请年长的老人给取，要么用最先看到的事物为之命名，所以有人叫"富蕴县"，有人叫"六个财主"，还有人叫"擀面杖"。再比如：

记得在六月的那场婚礼上，一个男孩子突然流鼻血了。大家静静围着他，包括他母亲，等着一切结束。他低着头，血大滴大滴地往下淌，很久都没停，满地都是血。我本不打算干涉，因为周围人统统无动于衷的样子，肯定有其原因。后来实在看不下去了，掏出纸巾替他堵上，又用凉水敷他的后脑勺。大家看着也没说什么，但显然有些不以为然。后来这种事情见多了，也就明白了，传统认知不同而已。大约他们觉得鼻血只在该流的时候流，所以流鼻血是疾病的一个出口。流完了病就好了，不应阻止。我不知如何判断。这也是源自古老的生存经验，应该也有其合理性吧。

——《羊道·深山夏牧场》之《病的事和药的事》

随着科技无比发达、物质极度丰裕、交通格外便捷的现代社会的到来，哈萨克族也在进入当下世界，"无论多么牢固的古旧秩序都正在被打开缺口"，但"无论如何，古老感人的传统与古老感人的心灵还在牧场上继续流浪着"。在政府的统一规划下，哈萨克族牧民已经作为农民过了多年的定居生活，但传统生活仍然一时半会儿难以割裂。在牧场，有的人家是用分离机脱脂牛奶的，而有的人家仍在用"传统的查巴袋手捶"。李娟说："我想，这不只是生活习惯和生产方式的要求，更有感情上的依赖吧。"

今天的牧场上，老一代还在恪守传统：

我喜欢爷爷，他是最完整的传统。是这"质朴"与
"欢欣"的最佳代言人。
　　——《羊道·深山夏牧场》之《从奇怪的名字说到托汗
爷爷》

中年一代身处传统生活和现代生活的连接处：

　　市场里卖的现成的尼龙绳又便宜又结实，年轻人谁还
愿意自己手搓羊毛绳呢？传统正在涣散。而我们的扎克
拜妈妈，看起来似乎到了今天仍牢牢依附旧式的习惯生
活。比方做饭，她只做较传统一些的食物，如烤馕、煮
抓肉之类。而平时的炒菜、煮汤饭之类全都交给卡西和
我，从不插手。不管卡西做得多难吃也决不抱怨（若实在
是难吃得过分，卡西自己也会知道，也会悔过的），好像
真的敬重和防备一切陌生事物，好像真的是一个旧式的妇
人。但其实我知道并非这样。妈妈聪慧又敏感，怎能不明
白如今的现实和新的规则？之所以不随波逐流，大约出于
骄傲——难以言说的一种骄傲……又似乎是自尊。再说，
她的童年和青春已经完整地结束，她的生命已经完全成
熟。如果她乐意表现的话，仍能够游刃有余地把握最时髦
的生活。但她知道，那没必要。她早就明白生活是怎么回
事了。她已经强大到不惧怕陌生，强大到不需要改变。

　　她会随着录音机里的音乐一起哼唱流行歌曲，然后突然转调，唱起古老的草莓歌……让人听着却一点儿也不觉异样。

　　——《羊道·深山夏牧场》之《伟大的扎克拜妈妈》

　　年轻人虽然更多更快地接受了现代生活方式，甚至向往着外面的世界，但内心世界仍然受到传统的影响：

　　然而等看到新娘时，又深深觉得，生活仍在传统的道路上四平八稳地照旧行进。从外界沾染到的时髦与精致，影响到的似乎只有生活最表层。

　　那个新娘子有一张常见的牧羊女面孔，黯淡、粗糙，被白色的传统塔裙和婚纱衬得有些狼狈。她紧张而悲伤。

　　——《羊道·前山夏牧场》之《六月的婚礼》

　　对此，李娟认为：

　　……世人都需平等地进入当下世界，无论多么牢固的古旧秩序都正在被打开缺口。虽然从那个缺口进进出出的仍是传统事物，但每一次出入都有些许流失和轻微的替换。我感觉到了。

…………

是的，生活之河正在改道，传统正在旧河床上一日日搁浅。外在的力量固然蛮横，但它强行制止所达到的效果远不及心灵的缓慢封闭。老人们还没明白发生了什么事，年轻人就已经自若地接受了新的现实。这又有什么错呢？世间所有的心灵不都是渴望着、追逐着更轻松、更快乐的人生吗？谁能在整个世界前行的汪洋大潮中独自止步呢？牛羊数量正在剧增，牧人正在与古老的生产方式逐步告别——这场告别如此漫长，一点一滴地告别着。似乎以多长的时间凝聚成这样的生活，就得以多长的时间去消散。不会有陡然的变革，我们生活在匀速消散之中。匀速运动状态等于静止状态——这就是最后的安慰。

——《羊道·深山夏牧场》之《相机的事》

更何况，就算是进城打工的哈萨克族姑娘，或者是见多识广的哈萨克族司机，都还在坚固的传统中获得心灵的平静。

作为在城里生活的姑娘，阿娜尔罕早上洗完脸后还要化妆的。依我看，化得也太浓了，抹墙一样涂粉底，硬是把红扑扑的脸蛋搞成铁青色，眉眼更是描得深不见底……但这有什么不应该呢？连颇为保守的扎克拜妈妈和严肃的沙阿爸爸对此都不置可否。我猜想，对于这个独自生活在城里的女儿，浑身散发着深暗香气的女儿，也许已经有些陌生了的女儿——夫妻俩大约是稍带敬意的。毕竟自己放了一辈子羊，从来不敢设想离开羊群后的人生。但这个女儿却能。她从容地立足于宽广的陌生之中，生活得看起来有条有理。她更像是这个传统家庭小心地伸往外部世界的柔软触角。大家都暗地里钦佩她，信任她，并且微妙地依赖着她。

…………

阿娜尔罕也许有些小小的虚荣心和野心，但对于自己简陋寒酸的家（还是"打结儿"的）毫不介意。一有空闲便四处收拾房间，洗洗涮涮，就像很久很久以前那样——那时的阿娜尔罕还是个平凡懵懂的乡野姑娘，对外面的世界向往又害怕。那时她终日埋首家务，努力帮助母亲经营家庭。那时她可能还没有做出离开游牧，进城打工的决定。和此时一样，她心灵安然，对生活有长远而踏实的考虑。

——《羊道·春牧场》之《城里的姑娘阿娜尔罕》

我们的车停停走走，耐心地等待着那几匹笨马悔悟。好半天工夫，它们才被牧马人集中起来，掉头绕过车向北踏入正轨。虽然耽搁了不少时间，但司机一点儿抱怨的意思都没有。

若是个汉族司机，大都一看到羊群就拼命按喇叭，把它们哄散开去。生怕撞死了被索赔，根本不管自己的行为有没有影响到牧人的管理。

我想，其中的差异并非在于有没有更细心的关爱。由于深知，才会尊重。当他们在羊群的浪潮中停车、熄火，耐心等待羊群如巨流般缓慢经过自己——那是他们在向本民族的古老传统致敬。

——《羊道·深山夏牧场》之《汽车的事》

另外，我发现，当汽车经过穆斯林墓地时，不管是什么样的哈萨克族司机，不管老的少的，不管是严肃踏实、爱听阿肯弹唱的中年人，还是染了红毛、整天沉浸在震天吼的摇滚乐中的小青年，都会郑重地关闭车载音乐，等完全经过墓地后才重新打开。关掉又打开，也就几十秒时间，我从没见哪一次被含糊过去的。敬重先人、敬畏灵魂，我猜这是不是一种民族性。

——《羊道·深山夏牧场》之《汽车的事》

牧民：坚韧的个性

现在我们来说说在艰苦的转场中从事艰苦的牧业劳动、在坚固的传统中守护着特殊的牧场文化的牧民，这些荒野的主人，他们有着极其坚韧的个性，这种个性，与其说是在自然的磨砺下养成的文化性格，不如说它本身就是自然的一部分。

首先，牧民的劳动极其繁重。除了迁徙时的拆房子、搭房子，扎营后的找水源、找燃料，牧民日常的劳动量之大令人咋舌。以《羊道·前山夏牧场》中《我和扎克拜妈妈的一天》为例。这其实是最悠闲的一天，因为昨天已经背回了够用三天的柴。就是这样的一天也是从半夜开始的："半夜里，斯马胡力和妈妈就起来过一次。那时好像听到羊回来的动静，两人披衣出去查看半天。回来时冻得哆哆嗦嗦，说不是羊。""三点钟天刚亮，扎克拜妈妈和斯马胡力就出去找羊了。""卡西也在四点之前拎着桶下山挤牛奶。""我耳朵里听着大家的种种动静，身子却挣扎在昏天暗地的睡眠边缘，困意像深渊一样横亘脚下，背后有无数手又推又攘。"之后于四点半起来"生起炉子，烧好茶"。

> 两个孩子出门后，妈妈同我一起把满满当当一大锅煮开的牛奶抬下铁皮炉。这时，遥遥看到清晨才赶过南面大山的大牛又回来了。她急急忙忙嘱咐了我两句，冲下山去赶大牛。
>
> 等所有大牛重新消失在大山后面，她又遥遥走到山谷另一端，放开一直系在溪水边的小牛，并将它们赶向相反方向的山谷深处。

　　我组装好分离机，等牛奶稍稍凉下来就一勺一勺注入机器，给牛奶脱脂。这一摇就将近两个钟头。换了左手换右手，还是累得够呛。只恨自己不是千手观音。等这两大桶牛奶全部脱完脂，妈妈才疲惫地回来了。

接下来：

　　……我俩把铁锅挪到外面的火坑上，继续煮脱过脂的牛奶。

　　我站在巨大的锡锅边持汤勺不停搅拌。妈妈把两根两米多长、碗口粗细的木头直接放到锅下烧。我俩相对无言，都被烟熏得泪水滚滚、鼻涕长流。

短暂的休息：

　　结束后，妈妈疲惫地坐在花毡边上发了一小会儿呆。最后念了句"安拉"，长长嘘了口气，吩咐我为她舀一碗热牛奶，端到门口草地上坐着慢慢啜，并长久地凝视着对面山坡上漫延的小羊群，看起来满脸的享受。

然后：

喝完牛奶，妈妈起身往煮好的脱脂奶中拌入药水，开始沥制干酪素。

做完这一切，疲惫至极的扎克拜妈妈"回到毡房，往花毡上一躺就睡过去了"。然而，"妈妈刚躺下没一会儿就起风了"，于是：

……妈妈赶紧翻身起来。我俩迅速把晾在草地架子上的干酪素收回家，并用旧毡片盖住了柴火垛。

结果干酪素刚收回家没一会儿，天上的黑云就变戏法似的裂开了巨大的缝隙。太阳重新隆重登场，雨点收得干干净净。我们又赶紧抬着干酪素重新晾出去。

又过了没一会儿，那道云缝很小气地合拢了，雨又淅淅沥沥洒了起来……我俩又赶紧去收……

之后，"我"和扎克拜妈妈还干了以下活计：

把前两天采集的桦树皮整齐码好，压紧，打成包。

扎克拜妈妈给卡西做了一件挤奶穿的罩衣，给斯马胡力补秋裤，给自己补破布鞋和破袜子、破裙子。

剪驼毛。

从半坡下扛回用大石头压了一个晚上加半个白天的干酪素硬块，搓干酪素。

"我"把破鞋垫和另一双也快要磨破的鞋垫重合着缝在一起，使之加厚。妈妈搓完干酪素，摊平晾好后，翻出一块旧毡片，为我剪了一双厚厚的新鞋垫。

妈妈接着烧水洗一堆脏衣服脏鞋子。"我则帮她提水。从山下到山上，提了一桶又一桶，气喘吁吁却无比愉快。"

这时——"小羊群真正的妈妈们回来了！于是我和妈妈兵分两路，一人赶大羊，一人赶小羊。左右阻击，上下奔跑。赶了足足半个小时，才把羊群彻底隔开。将大羊赶回了山那边，把小羊轰向西面山坡更远一些的地方。我累得一身大汗，妈妈也不轻松。"

然后"我"收拾房间，妈妈坐在草地上搓羊毛绳，然后又走到门边悬挂的查巴袋旁捶打黄油。

接着扎克拜妈妈"出门拖起上午没烧完的那根碗口粗的大木头向山下走去，一边走一边回头吩咐我揉十碗面粉，准备烤馕。""我"开始和水揉面，"妈妈把馕坑里的火生起来，又劈了许多柴码好"，然后"亲自上阵"揉面，"只见面团在她手下翻来覆去转得飞快，软得跟棉花似的，听话极了。面揉匀后，再静放一会儿，醒一醒，就撕成团摊成大饼入炉烘烤。"

接着是赶羊和赶牛。

然后，"我"揉面做饭，妈妈则开始挤牛奶。

"等挤完奶，再闹腾腾地赶羊羔入栏，又数完大羊，一整天的劳动才算彻底结束。"这时已经九点多了，"疲惫的母子三人正横七竖八躺在斜坡上的草地中"，然后，才是一家人幸福的晚餐时间。

　　如上，整天不停的劳动是牧民的生活常态，尽管他们有时候也会抱怨劳动太多太累，但却习惯于在繁重的劳动中安顿自己的身心，牧民的孩子从小就投身各种各样的劳动，也都习惯了繁重的劳动生活。看看这个拾粪的孩子吧：

　　　　半个小时后我们扛着各自鼓鼓的大袋子会合，走上回家的路。胡安西也背了小半袋，劳动令这个六岁的孩子像个真正的男子汉一样沉静而懂事。他一声不吭走在最后面，累了就悄悄靠在路边石头上休息一下。

　　　　快到家的时候，我和卡西在半坡上站定了，回头看，胡安西仍在视野下方远远的荒野中缓缓走着。孤零零的，小小的一点点儿，扛着袋子，深深地弓着腰身。

　　　　　　　　　　　　——《羊道·春牧场》之《荒野来客》

或许因为一切都来之不易，牧民们过着十分节制的生活。

　　　　其实在我们家里，女性也吃得不多。我、妈妈和卡西，我们三个人几乎只吃全部主食的一小半，剩下一大半全是斯马胡力一个人的。

要是觉得不饱的话，我们三个就多多地喝茶，用茶水泡硬馕块吃。

大约因为家庭里的男人总是最辛苦的，一定要由着他吃好吃饱。

我不知道这是不是普遍现象。不知道这是不是这个民族传统女性特有的节制与矜持。

——《羊道·春牧场》之《荒野来客》

对于病痛的隐忍和克制也是牧民生活的常态：

干这些活儿时，妈妈不时停下来看着自己的双手叹气。我看到她拇指上裂了好几道又深又硬的血口子。缺乏维生素再加上劳动繁重，很多牧人都有这样的毛病。

——《羊道·前山夏牧场》中《我和扎克拜妈妈的一天》

扎克拜妈妈牙疼时，腮帮子肿老高，整天捂着脸不吃不喝，不停呻吟。大家一筹莫展，只好一声不吭，眼睛尽量不往她躺的地方看。

妈妈除了牙疼，还三天两头地头疼、胃疼，还总是嚷嚷脖子疼、腰疼。用来治疗这些疼痛的药物有：水煮的蒲公英，一块红色矿石泡出来的红色水，以及索勒的脂肪。但统统没啥效果。

最见效的治疗只有呻吟。她躺在那里，有气无力地念叨着："安拉，安拉……"并发出嗤嗤嗤的倒吸冷气的声音。如是半小时，就能起身继续干活了。

妈妈总是每天早上第一个起来，晚上最后一个躺下。白天的午休时间也最短，实在是家里最辛苦劳碌的一个。但是若要写年终总结的话，怕是啥都没得写。

——《羊道·深山夏牧场》之《伟大的扎克拜妈妈》

繁重的劳动和节制的生活似乎应该造就牧民的冷漠性情，然而，情况并非如此，哈萨克族尽情享受着生命的赐予，表达着热烈的情感。

……搬家的确辛苦。但如果只是把它当成一次次苦难去捱熬，那这辛苦的生活就更加灰暗和悲伤了。就好像越是贫穷的人越是需要欢乐和热情一样，越是艰难的劳动，就越是得热烈地庆祝啊。

——《羊道·春牧场》之《盛装的行程》

或许，越是经历过种种风雨，跨越过重重阻碍，克服过寒冷、饥饿、困倦和过度劳累，他们越懂得生命的珍贵，越珍惜生活中的种种欢乐，他们在凉爽的月夜下载歌载舞；他们穿越漫长而又艰难的路途，去出席琳琅满目的深夜舞会，去参加

"拖依"狂欢；他们在油光闪闪的草地豪情赛马，筹办华丽盛大的草原婚礼……

这就是最后的荒野主人，他们有着与世人相同的欢乐、相同的忧虑与相同的希望；这就是一种古老而纯真的民间秩序，但却正在被现代文明分分秒秒侵蚀着。

面对这一切，李娟唯有执着地书写，深情地记录：

生活总是在到来与离开之间，只是经过而已。但是，什么样的生活不是"经过"呢？经过大地，经过四季，经过一生，经过亲人和朋友，经过诸多痛苦与欢乐……突然间非常难受。真想知道，在遥古的年代里，这里究竟发生过什么事？使得这支人群甘心沉寂在世界上最遥远的角落，披风沐雨，顺天应地，逐水草而居。从南面的荒野沙漠到北方的森林草原，绵延千里的跋涉。一年三百六十五天，差不多平均一个礼拜搬一次家，几乎得不到片刻停歇……据说这是全世界最后一支真正意义上的游牧民族。真想知道，到底为着什么，全世界只剩他们坚持到了如今……但又怎么能说这样的生活动荡，这样的生活没有根呢？它明明比世上任何一种生存方式都更为深入大地。又怎么能说它脆弱？它依从自然的呼吸韵律而起伏自己的胸膛，它所凭恃的是地球上最强大的力量……

难以言说。我不知该站出来不顾一切地高声赞美，还是失声痛哭、满心悲凉。

——《羊道·前山夏牧场》之《去吾塞》

小结

今天的我们，生活在科技无比发达、物质极度丰裕、交通格外便捷的现代社会，但却远离了自然，淡漠了传统，疏离了劳动，并因此失去了感受幸福的能力。

李娟用《羊道》三部曲告诉我们：劳动后的休息最为惬意；自然中的歌舞最为热烈；节制着的生活最是幸福。

第七讲　深情之歌

——在《冬牧场》和一切紧紧相依

> 我从不掩饰自己对《冬牧场》的偏爱。它应该是目前
> 为止自己最重要的一本书吧。在《冬牧场》之前，似乎
> 我的所有写作都在寻求出口，到了《冬牧场》才顺利走
> 出，趋于从容。至今它仍是我写作上的最大自信。非要选
> 一本书作为"代表作"的话，目前我觉得非它莫属。
>
> ——《冬牧场》再版序

这是李娟《冬牧场》再版序开篇中的第一段话。冬天的阿勒泰，气温可以低至零下五十多摄氏度；但在荒僻的牧场上，人类"用双手掬起"了"一小团温暖和安宁"，虽然微弱，但足以与寒冷抗衡。越是寒冷，越是困苦，便越显出人的力量，人与人之间、人与万物之间深情的力量。《冬牧场》是一本苦寒之书，但也是一本深情之书。

《冬牧场》这本书是李娟参加《人民文学》非虚构写作计划取得的重要成果。2010年冬天，李娟跟随略通汉语的哈萨克族牧民居麻一家进入新疆阿勒泰地区南部的古尔班通古特沙

漠，在地窝子里生活了三个多月。那里是哈萨克族牧民的冬季牧场，也是牧民逐水草而居的动荡生活中最艰难的一段。李娟此行的目的，原本只是"观察并记录牧民最悄寂深暗的冬季生活"，是因为"牧民最悄寂深暗的冬季生活"最为动人，才让李娟对这本书最是偏爱吗？显然不是。毕竟，这里是"空空荡荡"，"黄沙漫漫，白雪斑驳"的冬牧场，"远比夏牧场干涸、贫瘠，每家每户的牧场因此非常阔大。一家远离一家，交通甚为不便，甚至可算是'与世隔绝'。"我想，李娟偏爱这部作品的原因，或许应该在牧民冬季生活的苦寒与深情之中去寻找。

法国作家帕斯卡尔说"人是一根会思考的芦苇"，他认为："人是自然界中最脆弱的东西，所以他是一根芦苇，但他因为会思考，可以囊括宇宙，可以通向无穷，这就是人在宇宙中的全部尊严。"中国当代学者刘士林说"人是一根有感情的芦苇"，他认为人之所以不同于自然界的其他物种，主要是因为人类比自然界的物质或生物多了一颗有情之心。

人脆弱如一根芦苇，但因为拥有深思之头脑、深情之心灵，人成为自然之灵、万物之长。如果说西方人更长于理性之思，那么，在中华民族的认知结构和文明创造中，深情之歌则是唱响千年万年的主旋律。

人与人的深情

北疆大地地广人稀，艰苦的自然条件让生存在这片土地上的牧民相互依赖和扶持，人与人之间的深情体现在牧民生活的点点滴滴，体现在牧场的好客与互助礼俗中，李娟的多部作品对此进行了记录和描写。在之前的阅读之旅中，相信有很多感人的细节已经深深驻扎在我们的记忆中，比如《阿勒泰的角落》中《外婆的早饭》一文，当外婆点燃的"世界的第一缕炊烟在群山和森林间缥缥缈缈地升起"：

> 每天的清晨，在荒野里的火炉旁，总会围过来很多寒冷的行人烤火取暖。还有人在路上远远地朝这边打招呼，急急忙忙往这边赶。他们以炉灶为中心紧紧围坐一圈，高兴地说这说那，不时帮忙往炉子里添一块柴。稀饭沸开了，就赶紧帮着揭一下锅盖。每到那时，外婆就会进帐篷捧出一摞碗出来，为他们一人匀出小半碗滚烫的米汤，他们连忙感激地接过，谢个不停。然后在热气腾腾的水蒸气和炊烟里，很幸福地小口小口啜饮。这时，远处的天空越来越蓝……突然，大地"轰"地一片金黄，太阳从群山间升起来了！

在春牧场和夏牧场，牧民住的是毡房或者木房子，但在"广阔而单调"的《冬牧场》，牧民们只能深入大地，在地窝

子里饮食起居:

> ……在大地起伏之处寻找最合适的背风处的洼陷地,挖一个一两米深的坑。坑上搭几根木头,铺上干草束,算作屋顶。再修一条倾斜的通道通向坑里,装扇简陋的木门,便成了冬天的房子:地窝子。……
>
> ——《冬牧场》之《最开始》

> ……在这样的大地上,舒展起伏,没有高大的植物,没有坚硬的岩石。黄沙漫漫,一切坦曝无余,无可遮蔽。还能依傍什么栖居呢?当然只有深入大地了。大地是最有力的庇护所。
>
> ——《冬牧场》之《地下的家》

如此幽暗,如此简陋,但却是牧民在无数个深冬里的挡风避寒之处。李娟在冬牧场的三个月时间,和居麻一家像动物一样蛰居于地下,感受到地窝子的温暖:"赶羊回来的那一路上,脸颊冻得像被连抽了十几耳光一样疼,后脑勺更是疼得像被棍子猛击了一记。每天等羊完全入圈后回到温暖的地窝子里,脱掉厚外套,摘去帽子围巾,如剥去一层冰壳般舒畅。"也见证和演绎了其中人与人之间真切动人的深情,李娟在三版序中说:"十多年来,每一次重读它,每一次重陷种种寒冷的记忆，每一次都能被寒冷中人与人的相处细节深深温暖。"

让我们读一读居麻和嫂子、儿女相处的细节，体味其中浓郁醇厚的深情吧：

> 在这个地窝子里，每天早上，每一个人都依恋着热被窝。嫂子早已经生起炉子，烧好了茶。她一遍一遍地唤父女俩起床，可谁也叫不答应。她叹口气，只好也钻进居麻的被窝躺下来。另一边的加玛也离开自己的被窝硬凑了进去，三个人挤得紧紧的。居麻没办法，只好起来，一边穿衣，一边嘟囔着"坏女孩""坏老婆子"。
>
> ——《冬牧场》之《地下的家》

气温已然下降到零下三十五摄氏度以下，没有毡筒御寒的居麻一边抱怨着"早点把脚冻掉算了，以后就再也不怕脚冻了"，一边早出晚归地放牧羊群。

> 最冷的那几天，居麻总等不及我的出现，老早就把羊群留在远处往回跑。等他上了东北面的沙丘，离家还有最后百十米时，像是再也走不动了一样，下了马就地躺倒。嫂子走上前，劝他回地窝子再休息。他低声说："等一等。"慢慢坐起来，抬起腿让两只脚碰一碰，可能麻木了。看样子着实冻坏了。

…………

以前每天早上加玛赖床的时间最久，现在最迟迟不愿起床的是居麻。嫂子强行收走了他的被子，他就抱住她呜咽道："今天一天，明天还有一天！老婆子！明天还有一天！"后天才轮到新什别克家轮值放羊。嫂子无奈，就拍他的背柔声安慰。但被子坚决不还。

——《冬牧场》之《冷》

居麻快五十岁了，身高一米八五，体重一百一十公斤，走起路来惊天动地。这种体质并不适合长年的高强度劳动：

其实居麻这样高壮的身材并不适合长年的剧烈劳动。不到五十岁，踝关节和膝关节就撑不住了。天气一变，就嚷嚷浑身疼。每天都把阿司匹林当饭吃，看得人心惊肉跳。头疼更是隔三岔五的事，常常半夜疼醒起来吃药。当他无言地往嫂子跟前一坐，头一低，嫂子就心领神会地帮他揉起脖子来。看来颈椎也大有问题。

尤其是轮值放羊那几天，每天回到家里，他疼得上床都抬不起腿来。

——《冬牧场》之《居麻》

在劳动结束之后的闲暇中，高大威猛的居麻、沉默寡言的嫂子不时表现出童真和童趣：

隔壁家的喀拉哈西是他们一家人的生活重心，令家里永远充满欢乐与笑声。我家就无聊多了，只有一只猫。于是嫂子灵光一闪，给小猫也取名为"喀拉哈西"。从此，嫂子一有空就扯着梅花猫的两只小前爪命令它唱歌、跳舞、指认姐姐和阿帕，也不管人家配不配合。

没多久，居麻也落得同样的绰号。一大早上，嫂子就甜言蜜语地哄道："喀拉哈西？嘿！喀拉哈西！起床了，你看，姐姐都起来了！"

居麻倒是非常配合。嫂子说："喀拉哈西，跳舞！"他就缩着脖子和胳膊，前后摇晃不停。

嫂子说："喀拉哈西，姐姐在哪里？"他就把指头伸到自己下巴上，害羞地指向我。

——《冬牧场》之《嫂子》

居麻和嫂子也会起争执，也会有冷战，你想知道相亲相爱的他们是如何解决争执，如何结束冷战的吗？

夫妻俩偶尔也会起争执。那时的居麻总是暴怒不已，以嗓门大和语速快屡占上风。而嫂子不为所动，细言细语、冷静分辩，到头来总会取得最终胜利。而这种胜利表现出来时，倒像是两人的共同胜利。居麻便心平气和，再无话可说。旁边的我看着觉得实在有趣……

除了偶尔的争吵之外，两人还时不时生会儿闷气。那时谁也不说话。也不知为了什么，更不知如何收场。于是一整个晚上，居麻不停扯着我没话找话说，而嫂子能一口气捻完全部的羊毛。最倒霉的是小猫，经过谁就会挨谁的打。

第二天喝早茶时，冷战继续。居麻喝完一碗茶，递过去空碗。嫂子没有伸手去接，居麻只好放在餐布上。嫂子取过碗续茶，再放回原处，不顾居麻的手已经伸了过来。

居麻最先耐不住了。他左思右想，突然飞快地脱掉身上的旧外套，起身从粪墙上取下装着干净衣服的编织袋，掏出最好的那件衣服——果然，嫂子中计了，扑过去就抢衣服。居麻扯着另一头不放。两人僵持了许久，突然"扑哧"一声，两人一起笑了起来。接下来，换不换衣服是次要的事了。两口子坐回餐布前继续喝茶，开始不停地说这说那。唉，真的好久没说话了。

在结束一场辛苦的劳动之后。两人回到家，站在地窝子里，疲惫又茫然，似乎一时不知接下来该先干什么好。居麻便一把搂住嫂子，他以为这样会吓嫂子一跳。谁知嫂子这时难得幽默了一把，立刻也反手搂住他，倒把他给吓了一跳。于是两人如此这般在炉子前勾肩搭背地站了好一会，亲热得让一旁的李娟都看不下去了。李娟取出相机，他们立刻同时撒手。

——《冬牧场》之《嫂子》

牧民的爱情是如此纯粹，如此热烈，如此深情！

　　显然居麻对自己的婚姻还是极满意的，叹道："要是过得不好，早就离婚啦！"接下来，向我列举了村里一些刚结婚就离婚的夫妻，以及一些结婚多年又离掉的。——"唉，现在的人，脾气越来越大了！"说完，扑在嫂子怀里，用抽咽的声音撒娇道："这么好的老婆子，给我生了四个娃娃的老婆子……呜呜……"嫂子一手摸着他的头，一手持碗继续喝茶，不为所动。

　　快要离开这个家庭时，我挑一个光线柔和的黄昏给这夫妻俩好好地照了一张相。看照片时，居麻沉重地说："我明明在这边，你嫂子的头为啥要往那边偏？可能不喜欢我了……"

——《冬牧场》之《嫂子》

牧民的亲情同样动人：

　　两个孩子来了之后，每天男孩背羊粪、赶羊、打扫羊圈。女孩收拾屋子、做饭。我背雪、绣花毡。居麻叹道："明天，我和你嫂子回阿克哈拉算了！我们还干啥呢？就没我们啥事了嘛！"——神态间，倒是非常享受。

　　扎达不在时，加玛在爸爸妈妈面前娇得不得了。扎达来了，加玛自动让位。总是端庄地捧着茶碗，笑看弟弟像小猪一样在父母怀里拱来拱去，不时鄙夷地"豁切"一声。

　　母亲深爱着这个唯一的男孩。常常突然放下手里的活计偎过去，跪在他身后捧着他的脑袋百般亲吻。

　　别看姐弟俩整天拌嘴。不拌嘴时，也常常互相依偎在一起，长时间搂抱着，亲亲热热地一声不吭。

　　比起妈妈和姐姐，孩子却更愿意亲近爸爸。爸爸一躺下休息，他就赶紧凑过去，紧紧抱着他玩手机。

　　　　　　　　　　　　　　——《冬牧场》之《扎达》

书中类似的细节还有不少，《宁静》一文书写了居麻离开牧场，回阿克哈拉定居点办事之后：

　　接下来加玛替爸爸出去放羊。出发时，嫂子突然说"等一等"，回房子里抓了两三块糖追上地面，塞进马背上的女儿手里。女儿用汉语快乐地说："我爱的妈妈，再见！"打马冲上沙丘。嫂子慢慢跟着爬上沙丘，又以同样的姿势站在那里看了一会儿。

…………

而到了傍晚呢，再也没有那么一个人放羊回家后，半晌无话，再突然搂着嫂子呜咽："老婆子！八小时没见了……"

再也没有一个人，在那时，花两分钟时间，和嫂子抱在一起一动不动。

晚餐依旧安静极了，虽然饭菜还是那么可口，虽然大家还是吃了很多。

——《冬牧场》之《宁静》

一个个深情的画面，一声声深情的歌唱，是苦寒生活中的美丽童话，是艰危命运中的温暖光芒。

人与羊的深情

在《冬牧场》再版序中，李娟写到了居麻因为小儿子扎达病重到阿勒泰求医，李娟好不容易给他争取到床位，但居麻却因为牛羊转场之事放弃治疗，医生为居麻只顾着"牲口"的事而漠视人的生命而生气，"可我却能理解，我知道牧人命运和牛羊命运的紧密纠缠。"

正因如此，牧人和牛羊们，和各种各样的动物同吃同住，亲如一家：

> 冬天到了，绵羊和山羊长出了新棉袄。马儿们也穿上了毛茸茸的喇叭裤。骆驼们还额外穿上了嫂子做的新毡衣（只有穿过鼻孔的几峰成年骆驼还光着屁股），似乎只有牛们还是那身稀稀拉拉的毛。于是只有牛享受到特别待遇，它们和人一样也睡地窝子。……
>
> ——《冬牧场》之《冷》

> 其实平日里居麻比谁都喜欢小猫。吃肉时，总是不顾大家的反对，大块大块地给小猫削肉。喝茶时，他常常吩咐嫂子给猫的小碗里也倒一些牛奶，而冬天里牛奶那么珍贵……甚至有天晚上，我还发现猫在他被窝里睡觉！
>
> ——《冬牧场》之《居麻》

是的，牧民的生活、劳作和命运与牛、羊、马、骆驼等牲畜紧紧相连，牧业就是羊业，牧道就是羊道。牛羊依赖牧场而活，人依赖牛羊而活。牧场首先是动物共同的家园，其次才是人的家园。牧民对牛羊怀着深情，这种深情在李娟所有的作品中都被浓墨重彩地书写。《阿勒泰的角落》一书中有一篇

《怀揣羊羔的老人》，极写小羊羔的可爱和牧民对小羊羔的喜爱：

> 小羊羔真是可爱的小东西。它有人一样美丽的眼睛，长长的睫毛。若是小山羊的话，额头上还会有一抹刘海儿。它的嘴巴粉红而柔软，身子软软的，暖暖的，谁都愿意搂它在怀里，好好地亲一亲。我们这里有的年轻姑娘在冬天里串门子，就会搂上自家的一只小羊羔（就像城里的女孩上街搂宠物狗似的），一身温柔干净的处子气息，用孩子一样喜悦新奇的小嗓门轻轻交谈。小羊羔们就软软地、乖巧地各自趴在主人香喷喷的臂弯里，互相张望。看了那情景，记忆里的整个冬天都只剩下了微笑。
>
> 那些人，他们这样流动的生活似乎比居于百年老宅更为安定。他们平静坦然地行进在路途中，怀揣初生的羊羔，于是母羊便紧随鞍前马后，冲着自己的孩子着急地咩叫不停。它是整支队伍里最不安最生气的成员。尽管如此，这样的场景仍是一副完整的家的画面。
>
> 初生的小羊羔和初生的婴儿常常被一同放进彩漆摇篮里，挂在骆驼一侧。当骆驼走过身边，随手掀起摇篮上搭着的小毛毯，就有两颗小脑袋一起探出来。
>
> 我一直在想，游牧地区的一只小羊羔一定会比其他

地方的羊羔更幸运吧？会有着更为丰富、喜悦的生命内容。至少我所知道的羊，于牧人而言，不仅作为食物而存在，更是为了"不孤独"而存在似的。还有那些善良的，那些有希望的，那些温和的，那些正忍耐着的……我所能感觉到这一切与羊羔有关的美德，以我无法说出的方式汇聚成海，浸渍山野，无处不在。

《羊道·春牧场》中《羊的事》一文与该文中"初生的小羊羔和初生的婴儿常常被一同放进彩漆摇篮里"相呼应，呈现了这一幕深情的图景："转场的时候，过于弱小的羊羔都是放在马背上前进的。我曾见过最动人的情景是：一只红色彩漆摇篮里躺卧着一个婴儿和一只羊羔。揭开摇篮上盖着的毯子，两颗小脑袋并排着一起探了出来。"

《羊的事》一文还写出了李娟对人与羊的密切关系、对羊的一生和羊的命运所进行的深入思考和独到领悟：

我们伴随了羊的成长，羊也伴随了我们的生活。想想看，转场路上，牧人们一次又一次带领羊群远远绕开危险的路面，躲避寒流；喂它们吃盐；和它们一同跋涉，寻找生长着最丰盛、最柔软多汁的青草的山谷；为它们洗浴药水，清除寄生虫，检查蹄部的创伤……同时，通过它们得到皮毛御寒，取食它们的骨肉果腹，依靠它们积累财富、延续渐渐老去的生命——牧人和羊之间，难道只有生存的互利关系吗？不是的，他们还是互为见证者。从最寒冷的冬天到最温暖喜悦的春日，还有最艰辛的一些跋涉和最愉快的一次驻停，他们共同紧密地经历。谈起故乡、童年与爱情的时候，似乎只有一只羊才能与那人分享这个话题。只有羊才全部得知他的一切。只有羊才能真正地理解他。

而一只羊在它的诞生之初，总会得到牧人们真心的、无关利益的喜爱。它们的纯洁可爱也是人们生命的供养之一啊。羊羔新鲜、蓬勃的生之喜悦，总是浓黏、温柔地安慰着所有受苦的心和寂寞的心。这艰辛的生活，这沉重的命运。

因此，在宰杀它们，亲手停止它们的生命时，人们才会那样郑重——人们总是以信仰为誓，深沉地去证明它们的纯洁。直到它们的骨肉上了餐桌，也要遵循仪式，庄严地食用。然而，又因为这一切所依从的事关"命运"，大家又那么坦然、平静。

在人均占地四平方公里的冬窝子，不仅人要度过严寒的冬天，牛羊们也都要经受严冬的考验，在《冬牧场》一书中，李娟专门写了《羊的冬天》和《牛的冬天》两文，正是牛羊，让牧场的冬天意味深长、意义深远。

对我这个外人来说，羊的生命多么微弱痛苦。羊的灾难那么多：长途跋涉，寒冷，饥饿，病痛……但千百年来，羊还是生存了下来。我们看到的情景大多是羊群充满希望地经过大地。就不说那些痛苦了——那是生命的必经之途吧。

况且羊的命运又如此圆满地嵌合在眼前的自然中——羊多像植物！在春天里生发，夏天里繁茂，在秋天留下种子，又以整个冬天收藏着这枚种子，孕育、等待……赶着羊群走在荒野里，想到它们大多数都有孕在身，想到这些都是平静而充实的母亲，便觉得这个冬天真是意义深远。

——《冬牧场》之《羊的冬天》

许慎《说文解字》如此解释"美"字的含义："美，甘也，从羊，从大。"羊大为美，而美善同源，羊可口便是善，人类文明发展到今天，恐怕只有牧民才能深深体会美善二字的意义了吧？

人与物的深情

在荒僻严寒的冬牧场，大地上似乎空无一物，但又深藏万物，除了有生命的物种——牛、羊、马、骆驼，还有把根紧紧扎在大地深处的植物，此外，便是种种人的造物了——食物、器物、饰物，虽然"在荒野里，人需得抛弃多余的欲望，向动物靠拢，向植物靠拢"，但人仍然是具有主体性的生命，牧民们善待万物、深爱万物，以与万物的深情，度过"没有侥幸，没有一丝额外之物"的荒野生活。

除了芨芨草和梭梭柴，我再也认不得这荒野中更多的植物了。但认不得的也只是他们的名字，我深深熟悉它们的模样和姿态。有一种末端无尽地卷曲的圆茎草（跟方便面似的），淡青色。我为之取名"缠绵"。还有一种柔软绵薄的长草，我取名为"荡漾"。还有一种草，有着淡红或白色的细枝子，频繁分叉。每一个叉节只有一寸来长，均匀、精致而苦心地四面扭转。我取名为"抒情"。还有一种浅色草，形态是温柔的，却密密长满脆弱的细刺，防备又期待。我取名为"黑暗"。

走在满是缠绵草、荡漾草、抒情草和黑暗草的光明大地上，有时会深深庆幸：这样的时间幸亏没有用来织毛衣！

傍晚，陌生的马群在上弦月之下奔腾过旷野。满目枯草，却毫无萧瑟败相。谁说眼下都是死去的植物？它们枝枝叶叶，完完整整，仍以继续生长的姿态逗留在冬天的大冰箱里。

——《冬牧场》之《荒野漫步》

读到这里，不由得想到鲍尔吉·原野《万物亲近》一文中借云雀之口对荒野和沙漠的赞美："这里多么庄严，金色的沙漠有柔美的曲线，这里没有其他东西，全都是洁净的沙子。"匮乏极大地彰显了物质的物性，也极大地弘扬了人的人性。就让我们一起来读读下面的文字，领悟物性和人性的纯洁与高贵吧。

刚进入荒野时，月亮在我眼里是皎洁优雅的。没多久，就变成了金黄酥脆的，而且还烙得恰到火候……就更别提其他一切能放进嘴里、吞进肚子里的东西了。面对它们，我像被枪瞄准了一样动弹不得……

…………

到了今天，恐怕只在荒野里，只在刀斧直接劈削开来的简单生活中，食物才只是食物吧？——既不是装饰物，也不是消遣物。它就在那儿，在餐布上，在盘子里。它与你之间，由两点间最近的直线相连接。它总共只有一个意味：吃吧！——食物出现在口腔里，就像爱情出现在青春里。再合理不过，再美满不过了。

问题：什么样的食物最美味？

答案：简单寂静的生活中的食物最美味！

——《冬牧场》之《食物》

　　加玛一直戴着一对廉价又粗糙的红色假水钻的耳环。才开始我觉得俗气极了。很快却发现，它们的红色和它们的亮闪闪在这荒野中简直如同另外的太阳和月亮那样光华动人！

　　另外她还有一枚镶有粉红色碧玺的银戒指。这个可是货真价实的值钱货，便更显得她双手的一举一动都美好又矜持。

　　我还见过许多年迈的、辛劳一生的哈萨克妇人，她们枯老而扭曲的双手上戴满硕大耀眼的宝石戒指。这些夸张的饰物令她们黯淡的生命充满尊严，闪耀着她们朴素一生里全部的荣耀与傲慢。——这里毕竟是荒野啊，单调、空旷、沉寂、艰辛。再微小的装饰物出现在这里，都忍不住用意浓烈、大放光彩。

　　　　　　　　　　——《冬牧场》之《冬牧场》

　　作为一个郑重的家，这家里的生活也是郑重的。哪怕只是出去放个羊，居麻也会花很长时间把靴子擦得锃亮。如果哪天早上嫂子突然取出干净衣服给他替换，他更是高兴得唱老半天歌，一直唱到放羊回来为止。

　　　　　　　　　　——《冬牧场》之《地下的家》

小结

今天的我们，常常漫游在网络空间，沉湎于虚拟世界，有多久没有凝眸过真实而又生动的大地？有多久没有感受过真挚而又深刻的情感？

读一读李娟的《冬牧场》吧，在贴近大地的朴素生活中寻找心灵的宁静，重建与他人、与万物的亲密关系，唱响"民吾同胞，物吾与也"和"与物为春"的深情之歌。

第八讲　田园诗与家园梦

——盛放在《遥远的向日葵地》

让我们先从2023届高考语文文学性文本的选材说起。

2023年的高考考生是完整使用统编教材的一届考生，而这一届高考语文大量选用了体现"乡土中国""农耕"和"田园"元素的素材。举例说来，新高考Ⅰ卷文学性文本选用陈村的《给儿子》一文，该文以跟未来成年后的儿子对话的写作创意回忆了自己早年下乡从事农业劳动、体验农村生活、和农民朋友打交道的情形，文后有一道6分的主观题针对以下文段命制：

> 下田去吧，儿子。让太阳也把你烤透。你弯下腰，从清晨弯到天黑，你恨不得把腰扔了。你的肩膀不是生来只能背背书包的。你挑起担子，肩上的肌肉会在扁担下鼓起。也许会掉层皮，那不算什么。你去拔秧，插秧，锄草，脱粒。你会知道自己并非什么都行。你去握一握大锹，它啥时候都不会被取代。工具越原始就越扔不了，像锤子，像刀，总要的。你得认识麦子，稻子，玉米，高

梁，红薯。它们也是扔不了的。你干累了，坐在门边，看着猪在四处漫游，看着鸡上房，鸭下河，鹅窜进秧田美餐一顿。你听着杵声，感觉着太阳渐渐收起它的热力。你心平气和地想想，该说大地是仁慈的。它在无止无息地输出。我们因为这输出，才能存活，才得以延续。

农业劳动是艰苦的，包含农具和农作物在内的农业生产方式是原生性的、是扔不了的，农村是生机勃勃的，农业文明在大地的应许下始终延续着——这一段文字，写的正是包含农业、农村、农民在内的"乡土中国"的生动图景。

全国乙卷所选文学性文本是曹多勇的《长出一地的好荞麦》，标题直接呈现文本内容，是的，这也是一篇写种地的选文，其中还包括写农业生产对自然的依赖和气候变化对农业的损害，其中一段文字特别动人：

德贵毕竟是上岁数的人，又加两腿淤进冰泥里，那些刺骨的寒气也就洪水般一浪一浪往心口窝那里涌，德贵仍不罢手，不急不躁，拍一截冰泥地，撒一截种子，而后再把荞麦种拍进泥水里，德贵知道停下手，这些拍碎的冰泥又会凝结起来，德贵还知道荞麦种在这样的冰泥里是长不出芽的，即使长出芽，也会被冻死，但德贵仍是一点一点地种。

实际上，这一类题材的作品经常出现在高考语文试卷上，还记得2016年的《锄》吗？即将变成焦炭厂的百亩园和最后一次锄地的六安爷正是变化着的时代和坚守着的人性的典型代表。

> ……西湾村人不知道在这块地上耕种了几千年几百代了。几千年几百代里，西湾村人不知把几千斤几万斤的汗水撒在百亩园，也不知从百亩园的土地上收获了几百万几千万斤的粮食，更不知这几百万几千万斤的粮食养活了世世代代多少人。但是，从今年起百亩园再也不会收获庄稼了，煤炭公司看中了百亩园，要在这块地上建一个焦炭厂。
>
> ············
>
> ……六安爷种了一辈子庄稼，锄了一辈子地，眼下这一次有些不一般，六安爷心里知道，这是他这辈子最后一次锄地了，最后一次给百亩园的庄稼锄地了。

我们的文明从土地中生长出来，我们的家园之梦也是田园之梦，中国第一位田园诗人陶渊明唱响的"归去来兮，田园将芜胡不归""开荒南野际，守拙归园田""晨兴理荒秽，带月荷锄归"等句子，一千多年来一直回荡在每一个中国人的心中，成为在我们血脉中流动不息的文化基因，成为我们彼此辨识的文化密码。

田园诗

"遥远的向日葵地"是李娟母亲大概在2007年前后承包耕种的土地，位于阿勒泰深处戈壁草原的乌伦古河南岸。

李娟的母亲带着外婆在这里耕种了三年，之所以在贫瘠的土地上种植向日葵，是因为向日葵收益最大：

> 和这块土地上的其他种植户一样，我们也在自己承包的地上种满了向日葵。
>
> 这块土地也许并不适合种植这种作物，它过于贫瘠。而向日葵油性大，太损耗地力。
>
> 但是，与其他寥寥几种能存活此处的作物相比，向日葵的收益最大。
>
> 如此看来，我们和一百年前第一个来此处开荒定居的人其实没什么不同。仿佛除了掠夺，什么也顾不上了。
>
> ——《遥远的向日葵地》之《繁盛》

第一年非常不顺。因为缺水，李娟家承包的两百亩地旱死了几十亩。接下来又病虫害不断，那一大片万亩葵花地无一幸免。"我妈日夜忧心。她面对的不但是财产的损失，更是生命的消逝。""亲眼看着一点点长成的生命，再亲眼看着它们一点点枯萎，是耕种者千百年来共有的痛苦。"

直到八月，熬过病害和干旱的最后几十亩葵花顺利开完花，她才稍稍松口气。

而那时，这片万亩土地上的几十家种植户几乎全都放弃，撤得只剩包括我家在内的两三户人家。

河下游另一块耕地上，有个承包了三千多亩地的老板直接自杀。据说赔进去上百万。

冬天我才回家。我问我妈赔了多少钱。

她说："操他先人，幸亏咱家穷。种得少也赔得少。最后打下来的那点葵花好歹留够了种子，明年老子接着种！老子就不信，哪能年年都这么倒霉？"

外婆倒是很高兴。她说："花开的时候真好看！金光光，亮堂堂。娟啊，你没看到真是可惜！"

——《遥远的向日葵地》之《繁盛》

实际上，李娟母亲和外婆所经历的考验远不止以上这些，在《羊道·春牧场》中，李娟写到她随扎克拜妈妈一家深入牧场、北上途中经历的一场风灾：

后来才知道，我们所在的位置只是这场沙尘暴的边缘地带。也就是说，只是被大风的边梢扫过而已。加之又在丘陵地区，还不算太强烈。而我自己的家里，我妈在乌伦古河南面旷野里种的那几百亩向日葵地才是沙尘暴重灾区。后来听我妈说，当时的情景实在太可怕了。沙尘暴才来的时候，远远望去像是一堵黄褐色的墙壁，横在天边推了过来。贯通南北，渐渐逼近。当时就她和外婆住在地边。两人都给骇坏了。以为这下完了，刚冒出新芽的土地肯定会被洗劫一空，搞不好得重新播种。幸亏家里没有搭帐篷，只在大地上挖了一个坑，上面盖一个顶，平时就在地底下生活炊息。风从头顶过去，大地之下倒蛮安全的。而那时节葵花苗也刚扎出来没几公分，事后几乎没啥损失。

——《羊道·春牧场》之《大风之夜》

那一年，李娟母亲在南部荒野中种葵花，而李娟自己则在北边牧场上生活。"之间遥隔两百公里"，不仅交通不便，通信也非常困难，《遥远的向日葵地》中的《打电话》一文也写了一场沙尘暴之后李娟和母亲通话的情形：

五月初，一场沙尘暴席卷阿勒泰大地。我所在的前山丘陵地带也受到很大波及，不由忧心南面葵花地里的家人。

然而当时我所处的牧场没有手机信号。几天后，好容易跟随迁徙的羊群转移到一片靠近公路的牧场，终于有了信号。赶紧给我妈打电话，可怎么也打不通。

又过了两天，在羊群再一次转移之前，终于和她联系上了。

电话是她打过来的，那头哨音呼啸。显然，她正站在大风之中。

…………

……她顶着大风，站在大地腹心，站在旷野中唯一的高处，方圆百里唯一微微隆起的一点，唯一能接收到手机信号的小土堆上，继续嘶声大喊。

那时，沙尘暴已在几天前结束，恐惧早已消散。可她心中仍激动难息。

她无人诉说。每天一闲下来，就走很远的路，寻找有手机信号的地方。

这一天终于找到了，电话也打通了。

可是，几乎什么也没能说出。

她又连"喂"好几声，又重拨了好几次，才失望地把手机从耳边拿开。

她抬起头来，看到广阔的大地四面动荡。宽广的天空被四面八方的地平线齐刷刷地切割了一圈，切口处新鲜又锋利。她心想："可能再也不会下雨了……"

因为大自然无从操控，种地这种与大自然息息相关的行为就免不了带有赌博性质，赌天气，赌雨水，赌各种突如其来的病害。种地极其辛苦，而且要"靠天吃饭"。好在母亲和外婆都是顽强而又坚韧的，向日葵以金光光、亮堂堂的美好形象，承载着她们的希望，让她们的生活变成一种诗意的栖居，变成一首田园诗。正如德国诗人荷尔德林所说："人生充满劳绩，但却诗意地栖居在这块大地之上。"

在《遥远的向日葵地》一书后记中，李娟写到，向日葵有着美好的形象和美好的象征，但它那为我们所熟悉的开花时节灿烂壮美的面目、那金光灿灿的辉煌瞬间，有着金色之外的来龙去脉，非亲历者不能领会，它们是"种子时的向日葵，秧苗时的向日葵，刚刚分杈的向日葵，开花的向日葵，结籽的向日葵，向日葵最后残余的秆株和油渣"。这首田园诗是农人用无尽的希望和辛勤的劳作在大地上写就的。

《遥远的向日葵地》一书包括四十八篇散文作品，李娟一如既往地用细腻、明亮的笔调，写母亲之勤苦劳作，写外婆之无声逝去，写荒野之家里个性各异的种种动物，写边地景观和边地人民，看似散漫无序，但却在渐次推进的时间线索里埋伏着第二年的向日葵种植历程，从播种、浇水，到成长和收获。

这一年，李娟的母亲四次播下向日葵的种子："这一年，我妈独自在乌伦古河南岸的广阔高地上种了九十亩葵花地。""葵花苗刚长出十公分高，就惨遭鹅喉羚的袭击。几乎一夜之间，九十亩地给啃得干干净净。""我妈无奈，只好买来种子补种了一遍。""天气暖和，又刚下过雨，土壤墒情不错，第二茬青苗很快出头。""然而地皮刚刚泛绿时，一夜之间，又被啃光了。""她咬牙又补种了第三遍。""没多久，第三茬种子重复了前两茬的命运。""尽管如此，我妈还是播下了第四遍种子。""第四遍种子的命运好了很多。"它们"一无所知地出芽了，显得分外蓬勃。毕竟，它们是第一次来到这个世界。"

种子出芽了，母亲"终日锄草、间苗、打杈、喷药，无比耐心。"

……整个夏天，她赤身扛锨穿行在葵花地里，晒得一身黢黑，和万物模糊了界线。

…………

浇地的日子最漫长。地头闸门一开，水哗然而下，顺着地面的横渠如多米诺骨牌般一道紧挨着一道淌进纵向排列的狭长埂沟。

渐渐地，水流速度越来越慢。我妈跟随水流缓缓前行，凝滞处挖一锨，跑水的缺口补块泥土，并将吃饱水的埂沟一一封堵。

那么广阔的土地，那么细长的水脉。她几乎陪伴了每一株葵花的充分吮饮。

——《遥远的向日葵地》之《浇地》

向日葵渐次开花了：

最后的十余亩葵花开得稀稀拉拉，株秆细弱，大风中摇摇晃晃。一朵朵花盘刚撑开手掌心大小，如瓶中花一样娇柔浪漫。

然而我知道它们最终咄咄逼人的美丽，知道它们最终金光四射的盛况。

如果它们能继续存活下去的话。

——《遥远的向日葵地》之《狗带稻种》

万亩的向日葵金光灿烂，万千金色蜜蜂纷起跳跃，连"嗡嗡"声都亮得灼灼蛰眼。

——《遥远的向日葵地》之《蜜蜂》

向日葵雇蜜蜂授粉了：

蜜蜂来了，花盘瞬间达到金色的巅峰状态。金色王国

157

城门大开，鼓乐高奏。金色的高音一路升调，磅礴直指音域最顶端。

在万亩葵花的照耀下，夏日宣告结束，盛大的秋天全面到来。

————《遥远的向日葵地》之《金色》

人们开始晒葵花、砍葵花、收葵花和敲葵花，最终喜迎收获：

葵花成熟了。黄艳艳的小碎花纷纷脱落，黑压压的葵花籽饱满地顶出花心。沉重的花盘便谦虚低下了头去。

但是，我们得让它抬起头来。

我们要它面向太阳，尽快晒干。晒干后才便于把葵花籽敲打下来。

于是，我们开始砍葵花。

……………

晒干葵花盘后，就收葵花。

这个更简单，把花盘从秆子上一个一个拔下来，装进袋子里拖到地头空地上堆着。

接下来就该敲葵花了。

花盘全堆到一块宽大的塑料篷布上，敲葵花的人坐在其中，手持一根擀面杖大小的短木棍，把葵花花盘一个一个倒扣着敲打。直到葵花籽落完为止。

——《遥远的向日葵地》之《雇工》

葵花收获了。虽然一百多亩地才打出来二十多吨葵花籽，但满当当的四百多个袋子炫富一般堆在地头，看在眼里还是令人喜悦。

——《遥远的向日葵地》之《力量》

当我们把向日葵从播种到收获的全过程梳理完毕，我们或许会有感于生命成长和作物收获赋予农业劳动的巨大成就感，如李锐在《锄》中所写："不知不觉中，那些被人遗忘了的种子，还是和千百年来一样破土而出了。"如李娟在《我的无知和无能》中所写："说起来，种地应该算世上诸多劳动中最稳妥的一种。春天播种，秋天收获。也就稍微辛苦些、单调些而已。"

但我们不能忽略农人在此过程中投注的点滴希望、付出的艰苦劳动。李娟在《遥远的向日葵地》一书后记中写道：

在四川，我在童年时代里常常在郊外奔跑玩耍，看着农人侍弄庄稼，长时间重复同一个动作。比如用长柄胶勺把稀释的粪水浇在农作物根部，他给每一株植物均匀地浇一勺。那么多绿株，一行又一行。那么大一片田野，衬得他无比孤独，无比微弱。但他坚定地持续眼下单调的劳作。我猜他的心一定和千百年前的古人一样平静。

这让我联想到毕飞宇《土地》一文中的类似文字：

我想我很小就了解了什么是大。大是迷人的，却折磨人。这个大不是沙漠的大，也不是瀚海的大，沙漠和瀚海的大只不过是你需要跨过的距离。平原的大却不一样了，它是你劳作的对象。每一尺、每一寸都要经过你的手。……

…………

庄稼人在艰辛地劳作，他们的劳作不停地改变大地上的色彩。最为壮观的一种颜色是鹅黄——那是新秧苗的颜色。秧苗和任何一种庄稼都不一样，它要经过你的手，一棵一棵地、一棵一棵地、一棵一棵地插下去。在天空与大地之间，无边无垠的鹅黄意味着什么？意味着大地上密密麻麻的，全是庄稼人的指纹。

我们更不能忽略大地的恩赐："如此贫瘠的土地，却生出如此香美的食物。这么一想，就觉得必须得赞美土地的力量。"要知道，无论科技怎么发达，我们其实根本无法掌控自然，耕种的命运更多地从属于自然规则：

哪怕到现在，我们几乎可以改变一切了，仍无法掌控耕种的命运。

我们可以铺地膜为柔弱的小苗保温、保墒；可以打农药除草、除虫；可以施化肥，强行满足作物需求，强行改变土壤成分；还能强行改变河流走向，无论多么遥远角落里的土地，都能通渠灌溉……但是，仍和千百万年前一样，生存于侥幸之中。

一场冰雹就有可能毁灭一切，一个少雨的夏天就能绝收万亩土地上的全部投入。

农人驾驶着沧海一帆，漂流在四季之中。农人埋首于天空和大地之间，专注于作物一丝一毫的成长。农人的劳动全面敞向世界，又被紧紧桎梏于一花一叶之间。

——《遥远的向日葵地》之《我的无知和无能》

这些文字是迷人的，更是感人的，让乡土中国的田园诗充满了悲壮的美和悲怆的力量。更何况，土地正在人们的盘剥和掠夺下渐渐退化：

可是在荒野中种植葵花和在荒野中挖掘石头有什么不同呢？

都是掠夺。用挖掘机掠夺，用大量的化肥掠夺。紧紧地攥住大地的海绵，勒索到最后一滴液体。

——《遥远的向日葵地》之《石头》

我不知"土地被毁去"具体是什么概念，但是我却见过"死掉的土地"。

真的是死了——地面坚硬、发白。田埂却依然完整，一道挨着一道，整齐地，坚硬地隆起。于是整块地看上去像一面无边无境的白色搓衣板。上面稀稀拉拉扎着好几年前残留的葵花残秆。也被太阳晒得发白。

我猜这是不是因为过量施加化肥，因为不合理灌溉，因为盐碱化，因为各种透支……等原因被废弃了的耕地。

…………

突然又想起了河流的命运。

听说在我们阿勒泰地区，有一条从北往南流的河，下游是无边的湖泊。但是因为污染及其他的环境原因，这个湖泊渐渐退化为沼泽。

看上去好像是这条河流陷入了衰败境地，实际上却是它的最后一搏——它退化为沼泽，摇身一变，成为环境之肺，努力地过滤、分解所有施加于它的污染与伤害。以最后的力量力挽狂澜。

——《遥远的向日葵地》之《力量》

想起了《寂静的春天》，这是美国作家蕾切尔·卡逊创作的科普读物，讲述了农药对环境的危害，预言人类终将面临的可能是一个没有鸟、蜜蜂和蝴蝶的世界。尽管有着那么多的担忧，有着那么多的疑虑，人们还是依附在大地上，一点一点地垦殖，一行一行地写诗，把家园梦融进田园诗的复杂交响。

家园梦

在《遥远的向日葵地》后记中，李娟写道：

> 我至今仍有耕种的梦想。但仅仅只是梦想，无法付诸现实。于是我又渴望有一个靠近大地的小院子。哪怕只有两分地，只种着几棵辣椒番茄、几行韭菜，只养着一只猫、两只鸡，只有两间小房，一桌一椅一床、一口锅、一只碗。——那将是比一整个王国还要完整的世界。

在一个农耕文明国家成长起来的中国人，哪一个没有耕种的梦想呢？耕种梦是由流淌在中国人血脉中的文化基因决定的，即便生活在城市，甚至远涉重洋，也还是要种要养，有一道作文题便是根据这一现象命制的：

阅读下面的材料，根据要求写作。

都说中国人有种菜天赋，这话真有道理。

小到饮料瓶、塑料管、泡沫箱，大到楼层露台、小区空地，住房周围边边角角，都能被中国人利用来种点绿菜。

从雪域高原哨所，到南海岛礁驻地，战士们自给自足，吃到了时令蔬菜；远赴南极的骨科医生王征，在中山站成功培植了无土蔬菜，让外国南极考察站的人羡慕不已；武警宁夏总队后勤基地养殖员孙鹏，当兵15年，种菜15年，把昔日的不毛之地建成占地近2000亩的现代化农业科技示范园区。

到美国帮儿女照看孙辈的中国大爷大妈在美国很难融入当地文化，种菜可以帮他们打发时间，也算是一种寄托乡思的方式。

非洲每年都会因为缺粮食而申请国际援助，大多数人常年挣扎在温饱线上。中国人去了，手把手地教非洲人怎么种地，不但帮他们解决了吃饭问题，还建了农贸市场。

读了以上材料，你有怎样的感触和思考？请写一篇文章。要求：选好角度，明确文体，自拟题目；不要套作，不得抄袭；不少于800字。

种菜现象的背后，来自农耕文明的文化基因便是深层次的原因。在某种意义上来说，全体中国人都是农民。读书人梦想着的，也是耕读生活，陶渊明的"既耕亦已种，时还读我书""泛览《周王传》，流观《山海》图。俯仰终宇宙，不乐复何如"极写耕读生活的乐趣，令人无比神往。

李娟的"耕种梦"直到2012年才实现，这件事记载在《记一忘三二》一书中的《大院记》一文。在李娟母亲种植向日葵的2007—2009年，李娟一家还在北疆大地上颠沛流离。根据《遥远的向日葵地》书中所记，在向日葵地，李娟家第一年住的是地窝子，第二年住的是蒙古包。

地窝子是别人弃用的，李娟一家简单修补之后，作为自己的栖身之所。地窝子是这样的：

虽说我们从此有了挡风避雨之处，但这也太简陋了。每当狗啊鸡啊鸭啊从上面经过，棚布破漏之处就簌簌落土。

并且不通风。我妈说："进入七月，天气一天比一天热，刮的风都是滚烫的。地窝子里跟蒸笼一样。热得我一动也不敢动，直接躺在泥地上，浑身淌汗。谁说地窝子冬暖夏凉？谁说的？——看我打不死他！"

叔叔把进出地窝子的坡道铲出几级台阶，又不知从哪里弄来了几块旧建筑上剥落的水泥薄片，铺在台阶上。从此大大方便了外婆的进出。

又因为附近几个地窝子里就我家出现了水泥这种奢侈品，便被各位邻居一致评为五星级地窝子。

该地窝子最大的缺陷是炉子的烟道不通畅，一到做饭的时候，地窝子里浓烟滚滚，呛得赛虎都跟着咳嗽。

炉子是我妈糊泥巴砌的石头灶。她不停返工，扒了重砌，砌了又扒，但一次不如一次。

⋯⋯⋯⋯⋯

屋顶没留天窗，地窝子里总是黑洞洞的。⋯⋯

——《遥远的向日葵地》之《地窝子》

但正是这样简陋的居所，给了荒野中的李娟一家起码的庇护：

⋯⋯安全感正来源于黑。外部世界实在太亮了，夜晚都那么亮。万物没遮没拦。只有我们的地窝子，在无限开阔之中伸出双手把我们微微挡了一下。

⋯⋯⋯⋯⋯

沙尘暴来时，地窝子如诺亚方舟漂流在茫茫大海之中，是满世界咆哮中唯一安静的一小团黑暗。大家在黑暗中屏息等待，如同被深埋大地，如同正在渐渐生根发芽。

沙尘暴结束后，我妈小心翼翼揭开堵住通道的毡布，像登陆新大陆一样走上大地。

——《遥远的向日葵地》之《地窝子》

第二年，李娟母亲嫌地窝子不方便，便斥巨资两千块钱买了一顶蒙古包。蒙古包是这样的：

……在葵花还没有出芽的时节里，站在我家蒙古包前张望，天空如盖，大地四面舒展，空无一物。我家的蒙古包是这片大地上唯一坚定的隆起。

随着葵花一天天抽枝发叶，渐渐旺壮，我们的蒙古包便在绿色的海洋中随波荡漾。

直到葵花长得越发浓茂喧嚣，花盘金光四射，我们的蒙古包才深深沉入海底。

——《遥远的向日葵地》之《蒙古包》

不管是地窝子还是蒙古包，虽然一切从简，但李娟一家过的都是真正与大地相关的生活。更何况李娟母亲把包括鸡鸭鹅狗兔牛在内的整个家都搬进了荒野中：

每天清晨，鲜艳的朝阳从地平线拱起，公鸡跳到鸡笼顶上庄严打鸣，通宵迷路的兔子便循着鸡鸣声从荒野深处往家赶。

很快，鸭子们心有所感，也跟着大呼小叫嘎嘎不止。

家的气息越来越清晰，兔子的脚步便越来越急切。

被吵醒的我妈打着哈欠跨出家门，看到兔子们安静地卧在笼里，一个也不少，眼睛更红了。

——《遥远的向日葵地》之《蒙古包》

葵花地里的最后一轮劳动结束之后，李娟一大家子每天晚餐之后都要出去散步，让我们来看看这盛大的情景吧。

葵花地里的最后一轮劳动也结束了，在等待葵花收购的日子里，每天晚餐之后，我们全家人一起出去散步。

真的是全家人——跟屁猫也去，赛虎也去，一只胆大的兔子也非要跟去。

丑丑最爱凑热闹，它绝不会落下此类集体活动。但它怕猫，只好远远跟着。

此外，未入圈的鸡也会跟上来。天色越来越晚，鸡是夜盲眼，渐渐无法前进了，唤半天才挪几步。我妈便弯腰抱起它，继续往前走。

我妈不时说："要不要把鸭子带上？你猜鸭子会不会跟不上来？"

不等我回答，又得意地说："我家啥都有，我家啥都乖！"

我们这一队人马呼呼啦啦走在圆月之下，长风之中。我妈无比快乐，像是马戏团老板带着全体演职员工巡城做宣传。又像带散客团的导游，恨不能扛着喇叭大喊："游客朋友们，游客朋友们，大家抓紧时间拍照，抓紧时间拍照！"

我也眷恋那样的时刻。宁静，轻松，心中饱满得欲要盛放，脚步轻盈得快要起飞。那时的希望比平时的希望要隆重许多许多。

——《遥远的向日葵地》之《散步》

这是多么明媚的幸福时光，多么闪亮的家园之梦！"你干累了，坐在门边，看着猪在四处漫游，看着鸡上房，鸭下河，鹅窜进秧田美餐一顿。"——对于农人来说，所有的生灵都是家人，所有的生命都代表希望。

而在李娟和母亲所有的荒野漫步中，这一承载着家园梦、演绎着田园诗的情景，该是最美好的吧？只可惜外婆去世了，美梦中有着深入骨髓的遗憾：

我做了个梦，梦见我们仍在月光下散步，这回都到齐了。鸭子也一摇一摆跟在后面。我家新收的葵花籽装麻袋垒成了垛，高高码在拖车上，也慢慢跟着前行。突然又想起还有外婆，我赶紧四处寻找。然后就醒来了。

——《遥远的向日葵地》之《散步》

希望的种子

这一年，外婆走了，留下了无尽的思念与悔恨，也留下了深沉的梦想和希望。"记得外婆很喜欢讲一个狗带稻种的故事。"《遥远的向日葵地》一书中有一篇名为《狗带稻种》，其中记载了外婆所讲的故事：

很久很久以前，大水淹没旧家园，幸存的人们和动物涉过重重洪水，逃到陌生的大陆。这时人人一无所有，一切只能从头开始。

但是没有种子。滚滚波涛几乎卷走了一切。人们绝望不已。

就在这时，有人在一条共同逃难至此的狗身上发现了唯一的一粒稻种，唯一的一线希望。

原来狗是翘着尾巴游水的，使得挂在尾巴尖上的一粒种子幸免于难。

于是，整个人类的命运通过这粒偶然性的种子重新延续了起来。

　　事实上，几乎全人类的创世史诗中，就会有类似的故事，种子是人类活下去的依凭和希望，而"希望"一词，引领人类的辛勤劳作和不懈创造，赋予人类百折不挠的意志和乐观坚韧的品格，甚至只要读到它，就能够感受到人类创造文明的全部力量：

　　　　所谓"希望"，就是付出努力有可能比完全放弃强一点点。

　　　　　　　　　　　　　——《遥远的向日葵地》之《灾年》

　　　　很久很久以后，当她给我诉说这些事情的时候，我还能感觉到她眉目间的光芒，感觉到她浑身哗然畅行的光合作用，感觉到她贯通终生的耐心与希望。

　　　　　　　　　　　　　——《遥远的向日葵地》之《浇地》

　　　　世界上最强烈的希望就是"一线希望"吧？

　　　——《遥远的向日葵地》之《擅于到来的人和擅于离别的人》

　　　　只有葵花四面八方静静生长，铺陈我们眼下生活仅有的希望。

　　　　　　　　　　　　　——《遥远的向日葵地》之《稻草人》

我也眷恋那样的时刻。宁静，轻松，心中饱满得欲要盛放，脚步轻盈得快要起飞。那时的希望比平时的希望要隆重许多许多。

——《遥远的向日葵地》之《散步》

这希望是金色的，就像太阳一样，我们知道，享誉世界的荷兰画家凡·高一生创作了多幅《向日葵》，就是因为向日葵有着绚烂的颜色，有着美好的形象和美好的象征，最能代表、最能承载着人的希望。向日葵的成长过程饱含着田园劳作的期盼与艰辛和金色之后的"等待、忍受与离别"，这是家园亲情的甜蜜与苦涩。

田园诗与家园梦，汇聚成人类文明缘起、承续和发展的希望之光。

小结

在广袤的大地上，在人生的长途上，鲜花处处开放，而阴霾也如影随形。所有的人都喜欢顺境，喜欢掌声；每当面对困难与挫败，我们就免不了迷茫、沮丧和抱怨。

李娟用《遥远的向日葵地》告诉我们：一定会有种子，书写我们的田园诗篇；总是会有希望，照亮我们的家园梦想。

第九讲　经验与记忆

——生命中的《记一忘三二》

　　"记一忘三二"出自宋代文学家黄庭坚的诗作："少时诵诗书，贯穿数万字。迩来窥陈编，记一忘三二。"诗人说的是读书的事，少年时曾经读过数万字的诗书，但近来回看这些诵读过的篇章，发现真正留在记忆中的只有一小部分，大多数都已经忘记了。如此，你可能会提出一个问题：既然读了书也不一定都能记得，为什么还要读那么多书呢？对此，已故作家三毛有一个说法：

　　　　读书多了，容颜自然改变。许多时候，自己可能以为许多看过的书籍都成过眼烟云，不复记忆，其实它们仍是潜在的。在气质里，在谈吐上，在胸襟的无涯。当然，也能显露在生活和文字中。

　　其实，生活又何尝不是如此，世界如此广阔、生活如此纷繁，我们所经历的很多很多，而我们所记忆的很少很少，甚至不只是"三二"和"一"的关系，简直就是浩瀚大海和几朵浪

173

花的关系。我们或许也会提出一个问题：究竟是我们的经验塑造了我们，还是我们的记忆塑造了我们呢？对此，美国诗人惠特曼在《有个孩子天天向前走》一诗中表达了他的观点：你所经历的一切，都会变成你的一部分，是经验塑造了你。

有个天天向前走的孩子，

他只要观看某一个东西，他就变成了那个东西，

在当天或当天某个时候那个对象就成为他的一部分，

或者继续许多年或一个个世纪连绵不已。

早开的丁香曾成为这个孩子的一部分，

青草和红的白的牵牛花，红的白的三叶草，鹪鸟的歌声，

以及三月的羔羊和母猪的一窝淡红色的小崽，母马的小驹，母牛的黄犊，

还有仓前场地或者池边淤泥旁一窝啁啾的鸟雏，

还有那些巧妙地浮游在下面的鱼，和那美丽而奇怪的液体，

还有那些头部扁平而好看的水生植物——所有这些都变为他的一部分，在某个部位。

四五月间田地里的幼苗变成了他的一部分，

还有冬季谷类作物和浅黄色的玉米苗儿，以及园子里
菜蔬的块根，

缀满花朵的苹果树和后来的果实，木浆果，以及路边
最普通的野草，

⋯⋯⋯⋯⋯

这些都变成那个孩子的一部分，

那个天天向前走的孩子，他正在走，他将永远天天
向前。

——［美］惠特曼《有个孩子天天向前走》

　　阅读李娟的《记一忘三二》，以上的两个问题都会不时出
现，令人深思：究竟是特殊的经验造就了这样的李娟，还是特
定的记忆造就了她？在李娟特殊的经历中，又有什么在她的记
忆中深深驻扎，并且经由文字淬炼成宝石？让我们一起走进李
娟的《记一忘三二》，探寻这些问题的答案吧。

　　《记一忘三二》是李娟创作于不同时期的单篇随笔结
集，其中有创作于2004年的早期作品，也有创作于2018年的
新近作品，李娟的人生轨迹和心路历程都暗含其中，若隐若
现。这是一本比《走夜路请放声歌唱》更加"私人"的作
品，书写的是李娟独有的经验和记忆。让这些独有的经验和记
忆具有公共价值的，是李娟独有的思考和感悟、独有的悲悯情
怀和灵动表达。

经验的大海

我们也从李娟的阅读经验说起。《阅读记》一文从李娟"生命之初的第一场阅读"写起：

> 我上小学一年级时，有一天捡到一张旧报纸。闲来无事，就把自己认得的字挨个念了出来，竟然发现它们的读音连缀出了一句自己能够明白的话语，大为震动。那种震动直到现在还能清晰记得。好像写出文字的那个人无限凑近我，只对我一个人耳语。这种交流是之前在家长老师及同学们那里从不曾体会过的。那可能是我生命之初的第一场阅读，犹如壳中小鸡啄开坚硬蛋壳的第一个小小孔隙。
>
> ——《记一忘三二》之《阅读记》

接着，李娟按照时间顺序回溯了自己的阅读经验，并且分别解读了"记得"与"忘记"的部分各自的意义：

> ……全都是毫无选择的阅读，全然接受，鲸吞海纳，吃干抹净。然而渐渐地，阅读的海洋中渐渐浮起明月。能记得语句暗流涌动，认准一个方向推动小船，扯动风帆。而忘记的那些，则是大海本身，沉静地荡漾——

同时也是世界本身。我想，这世界其实从来不曾在意过谁的认可与理解，它只是存在着，撑开世界应有的范围。

——《记一忘三二》之《阅读记》

忘记的那些是大海，是世界本身。正如海明威的冰山理论所揭示的：一个人的自我就像一座冰山一样，能看到的只是表面很少的一部分行为，而更大一部分的内在世界却藏在更深层次，文学创作也应该如此，往往只需要截取故事的一个时间段或一个时间点，从而集中反映重大的主题或历史事件，至于故事的经过和历史背景，则应该被当作冰山的八分之七隐匿在洋面之下。

想要理解露出海平面的、能看到的冰山部分，我们需要深刻地明了、强烈地意识到冰山底座的存在，意识到大海的存在，意识到世界本身的存在。

阅读经验如此，生活经验也是如此：

世态百相，人间万状，阅读行为无法停止。我仍稳稳当当行进在当年的航道上，明月已经升至中天。当我再次拿起一本书的时候，总感觉一切仍然刚刚开始。当年的耳语者还不曾走开，只对我一个人透露唯一的秘密。

——《记一忘三二》之《阅读记》

在广阔的世界上，在纷繁的人世间，我们的阅读行为不能停止，那是我们的经验之源。主张"诗是经验"的著名奥地利诗人里尔克有一段精彩的表述，让我们一起来读一读吧！

……诗并不像一般人所说的是情感（情感人们早就很够了）——诗是经验。为了一首诗我们必须观看许多城市，观看人和物，我们必须认识动物，我们必须去感觉鸟怎样飞翔，知道小小的花朵在早晨开放时的姿态。我们必须能够回想：异乡的路途，不期的相遇，逐渐临近的别离；回想那还不清楚的童年的岁月；想到父母，如果他们给我们一种快乐，我们并不理解他们，不得不使他们苦恼；想到儿童的疾病，病状离奇地发作，这么多深沉的变化；想到寂静、沉闷的小屋内的白昼和海滨的早晨，想到海，想到许多的海，想到旅途之夜，在这些夜里万籁齐鸣，群星飞舞，——可是这还不够，如果这一切都能想象得到。我们必须回忆许多爱情的夜，一夜与一夜不同，要记住分娩者痛苦的呼喊和轻轻睡眠着、翕止了的白衣产妇。但是我们还要陪伴过临死的人，坐在死者的身边，在窗子开着的小屋里有些突如其来的声息。

——［奥地利］里尔克《马尔特·劳里茨·布里格记事》

记忆的浪花

在这一段常为论者引用的话的结尾部分，里尔克说到了记忆：

> ……我们有回忆，也还不够。如果回忆很多，我们必须能够忘记，我们要有大的忍耐力等着它们再来。因为只是回忆还不算数。等到它们成为我们身内的血、我们的目光和姿态，无名地和我们自己再也不能区分，那才能得以实现，在一个很稀有的时刻有一行诗的第一个字在它们的中心形成，脱颖而出。
>
> ——［奥地利］里尔克《马尔特·劳里茨·布里格记事》

如果说经验是大海，是世界本身，那些留存在记忆中的，则往往已经成为"和我们自己再也不能区分"的"我们身内的血、我们的目光和姿态"。《记一忘三二》一书记录了一些镌刻在李娟记忆中、诉诸文字之后又将留存在读者记忆中的细节，比如《挨打记》中的"校园暴力"，首先来自老师：

> 当年在四川上小学的时候，有段时间我们班主任嫌打人太累，就安排同学们之间互相打。每次考试分数下来，排好名次后，由第一名打最后一名，第二名打倒数第

二名……以此类推。两人之间的成绩差着多少分，就以教鞭打多少下手心。特有创意。老师在旁边听响儿，音量不到位，从头再打。很难徇私。

——《记一忘三二》之《挨打记》

后来到新疆读书，也是小学，老师也用教鞭打人。教鞭难免有打断的时候，于是她规定：断在谁身上，谁就得负责赔一根。李娟共赔了两根……真倒霉。

…………

有一年回新疆插班上小学。一天班主任心情不好，课堂气氛非常紧张。这时隐约听到后排同学小声叫我的名字，我回头看了一眼。就因为这个小动作，被老师揪起来，命令我自己抽自己的耳光。之前说过，我小时性格懦弱，竟然照做了。自抽了整整一节课。途中抽打的声音若小了一些，她会提醒我她听不到了，要求再响亮一点。

下课铃一响，她一声不吭径直走了，我竟不知该不该停下来。同学们看着我，神情复杂，一个个离开课桌安静无声地向外走去。我这才把自抽的动作放缓放轻，慢慢停下，并哭出声来。那时右边脸已经肿得老高，耳朵嗡嗡响个不停，几近失聪。

——《记一忘三二》之《挨打记》

还记得《走夜路请放声歌唱》一书中李娟因为折了一枝花枝而被老师当作真正的贼一样被责罚、因为做眼保健操时没有闭上眼睛而被老师把眼睛掐出血来的事件吗？把它们关联在一起，或许我们就能明白李娟为什么在高中时选择退学了：

> ……最怕的就是上学。每天早上醒来一睁开眼睛，恐惧感就满满降临。
>
> 从小就厌恶学校和学习，从小就在盘算辍学和离家出走的事情，但一直没有勇气——自己还那么小，离开了家和学校该怎么生存呢？想想看，小孩子真的很可怜。
>
> 初中一毕业，就向我妈提出不想继续上学的事。但我妈极其强势，提了几次后再不敢提了。直到上了高中，渐渐感到自己真的长大了，办了身份证了，绝对有底气出去打工赚钱、独立生活了，才在高三逮了个机会悄悄退学，跑到了乌鲁木齐。
>
> ——《记一忘三二》之《挨打记》

这一切跟三毛在《雨季不再来》中所记录的被老师侮辱的事件何其相似，数学老师认定三毛凭借一道一道死背下来获得的三次考试满分是抄袭得来的，便重新出了一些超出死记硬背范围的题让三毛来做，三毛得了零分，老师用蘸着饱饱墨汁的毛笔在地上画了个圈让三毛站进去，还用墨汁涂画在她眼眶四周。自此，三毛开始逃学，继而休学。

来自教师的校园暴力对年纪小小的受虐者的影响是灾难性的，逃学、退学、休学还在其次，更为严重的是影响到他们与世界的关系，以及由此决定了的他们的人生选择，李娟无比困惑地写道：

> ……她为什么会那样憎恶一个小孩子？她肚子里怀着的不也是一个小孩子吗？她那小小的胚胎隔着母亲的肚皮能感受到这一切吗？他也会恐惧吗？他还会对这个世界有信心吗？……我永远不生小孩。
>
> 之前曾对一个朋友说起过这件事。她听完后说："李娟，你就原谅她吧。"
>
> 我当然可以原谅她。"原谅"是非常容易就能做到的事情。可是，我有什么资格去原谅她呢？这样的暴力和恶意，恐怕只有上帝和佛祖才能原谅吧。我只是一个凡人，我化解不了这种黑暗。尤其是我自己心里的黑暗。
>
> ——《记一忘三二》之《挨打记》

校园暴力的施虐者，除了老师，还有同学：

> 除了老师，李娟也没少给同学欺负。上小学六年级时有好长一段时间里，每天放学路上都会遭到男生伏击，害

得她每天都得变换不同的路线回家。每天最后一节课的下课铃一响，便倍感绝望。

但是这种事说出去没人同情。大家众口一辞："男生打女生很正常嘛，通常他喜欢你才会欺负你嘛，只不过为吸引你注意嘛。恭喜恭喜！"

恭喜个屁。你来试试这样的"喜欢"吧——一脚又一脚踹你胸口，抽你耳光，烧你头发……恶意满满的眼睛，咬牙切齿的神情。他就这么"喜欢"你！

关于老是被人欺负这件事，我一直想不通究竟怎么回事，自己怎么就令人讨厌到了此种地步？难道自己真的就那么糟吗？难道真的是自己有问题，才会被嫌弃，如此高频度地被伤害？

被欺负的那些日子拉长了我短暂的学生时代。几乎所有的人都渴望重返童年和青春，我却永不愿重历那种无助的孤独——除我之外，所有人都相安无事的那种孤独。

之后很多年的时间里一直被这些回忆所困扰，深感无力。被人欺负这种事，最大的恐惧并非源于伤害本身，而源于从伤口中渐渐滋生的宿命感。

——《记一忘三二》之《挨打记》

在《挨打记》和《遗忘记》两文中，李娟回忆了来自家长的暴力：

我外婆虽然善良乐观，但性情暴躁。弄丢文具、损坏衣物的下场可怕极了，她能连骂两三个小时不换气。

然而在外婆那里顶多是挨挨骂，到了我妈那儿就是皮肉之苦了。

…………

总之单身母亲太凶残了。有一次她气头上的时候叫了我一声，我没答应，她就用酒瓶砸我。砸得我眉骨上缝了三针，至今留一道疤。

——《记一忘三二》之《挨打记》

在李娟看来，对于一个孩子来说，来自家长的暴力是最为可怕、最具有杀伤力的：

依我看，挨谁的打都没有挨父母的打那么可怕。因为他们是世上最亲近的人，是柔弱的孩童时期的唯一依靠。他们平时如此溺爱你，可一翻脸就另一番光景，其中也许有这样的暗示：他们平时对你的好可能是假的……这种猜想让人痛苦又惶然。成长真是辛苦。

——《记一忘三二》之《挨打记》

《遗忘记》集中写了母亲抢夺、私拆，并且当着同学的面朗读李娟写给小朋友的信这样一件事情：

> 接下来发生的事我终生不会忘记。
>
> 她一边大声读信，间以嗤笑，并逐段评论，无尽打压。
>
> "……新买了一条裙子？这种事有什么可说的？神经病！……'我很想你们'——想个屁啊想，别人说不定连你是谁都忘记了……你还要不要脸？什么大事小事破事都和别人说！你无不无聊？"
>
> 她的口吻鄙夷得像是一个世上最恨我的人。那时的她，和"亲人"这个字眼毫无关系。
>
> 我大哭，然后抽泣，然后沉默。
>
> …………
>
> 我觉得，只要付出努力，我就能洞悉世上的一切秘密，但除了我妈的心和她的记忆。她所记得的永远和我记得的不一样。她的心永远在我的追逐和猜测之外。她是这个世上我最无能无力的人。我已经下定决心永远都不原谅她。哪怕这个决定令我痛苦终生，万箭穿心。
>
> ——《记一忘三二》之《遗忘记》

对于孩提时的李娟来说，这种身心创伤远比物质上的困苦、生活上的动荡来得尖锐和深刻，让李娟铭记一生。有的人用童年治愈一生，有的人用一生治愈童年。好在，正如英语谚语所说："每朵乌云都镶着一条银边。"在李娟的生命中，毕竟还是有着那么多的善意和暖意，比如《老师记》中那位"全校出了名的毒舌"的初中班主任：

> 关于这个老师，同学老罗说起一件事。有一天正上着课，他突然走进教室，问："你们都在干什么？"
>
> 我们："学习！"
>
> 他说："学个铲铲！外面下雪了！赶快出去耍！"
>
> 我们欢呼，轰地冲出教室，玩了个痛快，把正在上课的老师气得脸刷白。
>
> 我也记得一件事，当时的初中部每星期只有一节音乐课和两节体育课。他想方设法为我们争取到了两节音乐课和三节体育课。他说："孩子们现在正是变声期和发育期，要多跑，多唱。"为此得罪了两个主课老师，因为调换的是他们的课。
>
> ——《记一忘三二》之《老师记》

还有《风华记》中所记录的共同度过贫穷而又困苦的打工生涯、失散后千辛万苦地找到自己的朋友，《老乡记》中所记录的阿勒泰市那些纯朴的乡亲，《古老记》中所记录的那些贫苦的邻居以及他们过着的那种"完整无缺"的牢固生活和支持他们的"传统力量"……尤其是北疆大地上的哈萨克族牧民，他们不在意你穷不穷、不在意你有没有户口、不在意你的社会地位，他们在意的，只是诚实的劳动和发自内心的对万物、对传统的敬畏，在这里，李娟得到了治愈、收获了救赎。

善待亲人、善待友人、善待邻人，李娟作品中浓郁的悲悯也许就来自李娟经验中这一部分关于善意与暖意的记忆吧。

海上生明月

"渐渐地，阅读的海洋中渐渐浮起明月""世态百相，人间万状，阅读行为无法停止。我仍稳稳当当行进在当年的航道上，明月已经升至中天"，明月如何从经验的大海上渐渐升起？又如何稳稳当当地升至中天，天涯与共？我想，应该是人的情感和思想为经验和记忆注入灵魂、让经验产生价值，让记忆光彩煜煜。

惠特曼的《有个孩子天天向前走》一诗写到了这些内化为孩子一部分的情感体验和思维活动：

　　那些家庭习惯，语言，交往，家具，那渴望和兴奋的情绪，
　　那无法否认的慈爱，那种真实感，那种唯恐最后成为泡影的忧虑，

那些白天黑夜的怀疑，那些奇怪的猜测和设想，

…………

——〔美〕惠特曼《有个孩子天天向前走》

在《记一忘三二》中的《疑惑记》一文中，李娟写到了她在阅读中滋生的悲伤和困惑：

明明是一本儿童读物，可却是我读过的最悲伤最灰暗的一本书。最空虚，最凄凉。可能那些最初无法理解的，终生都将无法理解。无论过去多少年，都难以走出那本书的氛围。浓密湿冷的原始森林，永难慰藉的饥饿感，永无同伴的孤独。结束那场阅读后，很长很长时间里心灰意冷，不能释怀。——不，直到现在仍心灰意冷，无法释怀。

——《记一忘三二》之《疑惑记》

在《记一忘三二》中的《古老记》一文中，李娟写到了她因现实困惑而展开的深入思考：

那时，大自然的气息除了香气，还有臭气。但香和臭是公平存在于这个世界上的，不是对立的。只要能忍受的东西，人们都不会太排斥。后来人们对臭味的否定，我觉

得不过是偏见。没有人天生就喜欢一种气味而讨厌另一种气味。文明的暗示而已。于是，只要是让人不舒适的就都是不好的、不对的、不正常的。渐渐地，人越来越强势，可以按喜好操控一切。同时也越来越脆弱，不能忍受的东西越来越多。

和所有落后于时代的小城一样，我的那个小城也被翻建了。它变得更舒适更便捷，但是它的完整被打破。到处都是缝隙，得不断投入修补的力量。到处都是疤痕和补丁。然而，我虽然觉得过去年代令人怀念，传统的消失令人可惜，却又说不出此刻和未来又有什么不对，有什么不应该。

——《记一忘三二》之《古老记》

毫无疑问，是深刻的情感体验和思维活动赋予李娟的种种经验和记忆以灵魂，引领李娟走向生命的开阔地，走向创作的高地。

最后，我们来说说《记一忘三二》中的最后一篇《眩晕记》，说说外婆。在很多人的生命体验和情感建构中，外婆都是意义非凡的，我的导师耿占春教授在《回忆和话语之乡》中深情地书写了外婆，他用很大的篇幅书写外婆给自己唱过的数不尽的歌谣，回忆那些歌谣里的神秘图景，思考它们是如何为自己打开了隐秘的语言之门。

在《眩晕记》一文中，李娟写到自己罹患耳石症之后的种种经历和感受，最后她想起了已经过世十年的外婆：

> 整天躺啊躺啊，无边无际的眩晕中，突然就想起了外婆。
>
> 想起了许多往事。"啪嗒"一下，想通了很多事。
>
> 也想明白了自己为什么会得这样的病。
>
> 想起外婆在最后那几年时光里总是说自己头晕。每到那时，我深深为之担忧，却又安慰自己：人年纪大了难免会有这样那样的毛病。所以并不曾真正重视过。
>
> …………
>
> 直到失去她十年后，我才深切体会到她曾经孤独捱过的痛苦。这可能就是报应。我对她的无视，对她的漠然，对她的所有的不耐烦，一滴不漏地统统回来了，统统兑入我的病痛之中。好像只有我完全承受了这些，死去的外婆才能稍微靠近我一点。
>
> ——《记一忘三二》之《眩晕记》

外婆无疑是李娟生命中最亲最爱最重要的人。而疾病，如著名作家、评论家苏珊·桑塔格所说，成为一种隐喻。因为疾病，李娟终于接近了外婆，懂得了外婆。或许，正是在这种接近和懂得中，李娟开始融入人类代际生命传承的链条，融入人类生存意义的共同体。

"海上生明月，天涯共此时。"《记一忘三二》以《眩晕记》结束，我们的李娟作品阅读之旅也走到了尾声。让我们在与李娟的共情和共理中，期待更多的"一"从更大的"三二"中生长出来，在李娟的作品中，在我们的生命中。

小结

我们的生活看起来五光十色，我们的世界看起来琳琅满目，但实际上却深陷同质化的误区。我们正在失去独特的经验和感受、情感和思想。

李娟用《记一忘三二》告诉我们：经验需要开拓，记忆可以创造，而深挚的情感和深刻的思想，是经验和记忆的灵魂。

第十讲　走进李娟的语文世界

李娟的作品取材于自己的生活经历和成长道路，她写山写水写路，写植物写动物写器物，写人（自己、家人和牧人）的劳动、生活（衣食住行、社会交往、节庆活动）和梦想，因为生活经历和成长道路的特殊，她拥有独特而又丰富的创作素材。因为不同于一般的感受力、判断力和表达力，她有着强烈的创作冲动，并能赋予这些材料以饱满的灵魂和丰盈的生命。

对李娟的人生经历和创作经历进行梳理和关联性研究，我们可以更清晰地看到一个作家成长的印迹，看到北疆对她童年创伤的疗愈和文字对她沉沦命运的拯救。

	人生经历	创作经历
1979—1997年 （0~18岁）	在新疆、四川两地成长、求学	
1997—2003年	辍学，在北疆牧场和城市辗转谋生	1998年开始发表作品；2000年外婆卧病期间写作《九篇雪》（2003年出版）。

续表

	人生经历	创作经历
2003—2007年	在阿勒泰地委机关工作	写作《阿勒泰的角落》《我的阿勒泰》（2010年出版）；写作《走夜路请放声歌唱》（2011年出版）。
2007—2012年	打工，于2007年和2010年两次深入牧场，参与牧民生活	写作《羊道》三部曲（《羊道·春牧场》《羊道·前山夏牧场》《羊道·深山夏牧场》）（2012年出版）；写作《冬牧场》（2012年出版）
2012—	买房安居；专职写作	2017年出版《记一忘三二》《遥远的向日葵地》

按照题材和风格的不同，我们可以把李娟的作品分为两大类：宏大的和精微的。宏大的是哈萨克族的民族志，精微的是人类的心灵史。难得的是，李娟把宏大的民族志和精微的心灵史融为一体，创造了一个博大厚重而又灵动鲜活的李娟的语文世界。

伟大的行走

几十年来，李娟用各种各样的方式行走在北疆，用脚步丈量，打马而过，坐摩托车穿越，坐公用车颠簸……一开始是为了谋生，后来则是为了记录和呈现，记录和呈现那些被遮蔽但却有价值的地理景观和生活图景，她笔下壮阔的北疆，是世界最初的模样；她笔下游徙的生活，是人类对世界最早的探索和开拓。

作为一个行走着的写作者，李娟的笔下免不了常常出现"路"的身影，在其第一组作品《九篇雪》《阿勒泰的角落》《我的阿勒泰》和《走夜路请放声歌唱》中，以"路"为题的就有《蝴蝶路》《门口的土路》《通往滴水泉的路》《通往一家人去的路》，其他与"路"紧密关联的文题还有《行在荒野》《风雪一程》《坐爬犁去可可托海》《粉红色大车》《摩托车穿过春天的荒野》《坐班车到桥头去》等。

> 我们走的路是戈壁滩上的土路（——真丢人，我叔没执照，车也没牌照，不敢骑上公路……），与其说是路，不如说是一条细而微弱的路的痕迹，在野地中颠簸起伏。这条路似乎已经被废弃了，我们在这样的路上走过好几个小时都很难遇见另一辆车。大地辽远，动荡不已。天空更为广阔——整个世界，天空占四分之三，大地占四分之一。
>
> ——《我的阿勒泰》之《摩托车穿过春天的荒野》

在我很小很小的时候，还没有现在的216及217国道线，从富蕴县到乌鲁木齐，也没有开通固定的线路班车（不过当时也没有太多的人需要去富蕴县，而生活在富蕴县的人们，似乎也没有太多的事情需要离开）。要到乌鲁木齐的话，只能搭乘运送矿石或木材的卡车，沿东北面的群山一带远远绕过戈壁滩。一路上得颠簸好几天。我永远忘不了途中投宿的那些夜晚，那些孤独地停留在空旷雪白的盐碱滩上的旅店——低矮的、破破烂烂的土坯房，还有房顶上空辉煌灿烂的星空。

——《我的阿勒泰》之《通往滴水泉的路》

李娟的第二组作品中《羊道》三部曲整体上以"道"为名，《羊道·春牧场》中以"路"为名的单篇作品有《向北的路》《哈拉苏：离开和到达的路》《路上的访客》，相关作品有《盛装的行程》《美妙的抵达》；《羊道·前山夏牧场》中以"路"为名的单篇作品有《路上生活》，相关作品有《即将离开冬库尔》《去吾塞》；《羊道·深山夏牧场》中与"路"紧密相关的作品有《汽车的事》；《冬牧场》中以"路"为名的单篇作品有《回家的路》，相关作品有《三天的行程》《荒野漫步》《串门去》等。其实，就算篇名完全与"路"无关的文本中，"路"也时时出现：

斯马胡力也是骑摩托车来的。从阿克哈拉过来，得穿过阿尔泰前山一带的大片戈壁荒野，再经过县城进入吉尔阿特连绵的丘陵地带。我也曾坐摩托车走过那条荒野中的路。八个多小时，迷了两次路，顶着大风，被吹得龇牙咧嘴。到地方后一照镜子，发现门牙被风沙吹得黑糊糊的，板结着厚厚的泥垢。刘海像打了半瓶发胶一样硬如钢丝。

——《羊道·春牧场》之《荒野来客》

沙吾列家是我们在吉尔阿特牧场唯一的邻居，却和我们家挨得不算近。得翻过一座小山，穿过一小片野地才能到达。两家之间有一条新走出不久的纤细土路，沙吾列经常一个人沿着这条路孤独地走来。

——《羊道·春牧场》之《沙吾列漫无边际的童年时光》

"路"在李娟的第三组作品《遥远的向日葵地》《记一忘三二》中仍然是不可忽略地存在着、显现着：

……那次叔叔在县里生了病，我妈想去看他。但那天她一大早就在荒野中的公路边等车，等了一上午也没等到班车过来。她便决定骑摩托车进城。但又非常害怕——之前她从没骑过那么远的路，一百多公里呢。况且当时她的摩托车没办牌照，怕遇到交警，只能偷偷走荒野里的小道。土路的路况差倒罢了，茫茫戈壁，很容易迷路。而那条路她只是听说过，一次也没亲自走过。还听说除了春秋羊群经过，那条路上几乎遇不到任何人或车辆。最危险的是，那段时间她的摩托车还一直有些小问题，油箱里的汽油也不太多了。她所在的村庄又没有正规的加油站，都是私人在倒卖汽油，卖油点经常断油……总之，万一在荒野中抛锚就惨了，绝对无人可求助的。又正是春天，风沙那么大……但她还是冒着巨大的风险上路了。

——《记一忘三二》之《信仰记》

当然，并非所有的行走都能获得影响和改变行走者生命的记忆、获得文学家进行文学创作的素材，李娟之所以能够在行走中获得丰富的创作素材，一方面因为北疆大地和游牧生活本身，另一方面则源于李娟自己独特的感知、敏锐的心灵和睿智的头脑，她所看到、听到、闻到的一切，都因为其感官、心灵和头脑的参与而具有了强大的生命力，她的行走是伟大的行走。

非凡的感悟

李娟是一个有着独特感受力和思考力的作家，她的体悟和领会，为北疆风光，为游牧生活，为她在行走中经历着的一切和看到、听到、闻到的一切都注入了灵魂。她看见大、看见小，更看见大与小的反差；看见生、看见死，更看见生与死的统一；看见对立，看见统一，看见对立统一中世界的整体性。是的，李娟似乎对自然世界中的大与小、明与暗等对立统一关系格外关注，从而在高度还原写作对象特点的基础上写出了世界的整体性。

看见大：

> 吾塞已经很靠近阿尔泰山脉的主山脊了。由于地势太高，森林蔓生到一定海拔高度就停了下来。站在山顶空地往北方看，与视线平齐的群山从林海中一一隆起。一面又一面巨大的绿色坡体坦荡荡地倾斜在蓝天下，山巅堆满闪亮的积雪。
>
> ——《羊道·深山夏牧场》之《林海孤岛》

看见小：

> ……水面窄小，就比脸盆宽一些，深度顶多三十公分，一眼看去很清澈。正因为太清了，水中各种各样的悬浮物——枯草啊，泥团啊，腻乎乎的泡沫状苔藓、雾状的菌生物、泡得只剩空壳的死虫子、长满绿苔的死蜘蛛……都看得一清二楚。我敢打赌，我还看到了正处在进化初级阶段的单细胞生物。
>
> ——《羊道·深山夏牧场》之《林海孤岛》

看见大与小的反差：

……树上还挂了一架简陋的秋千。当孩子们都不在的时候，秋千以群山为背景，深深地静止，分外孤独。而当穿红衣的加依娜高高地荡起秋千，在林海上空来回穿梭时，那情景却更为孤独。隔着空谷，对面的大山绿意苍茫，羊道整齐、深刻。背阴面的森林在对面山顶显露出曲曲折折的一线浓重墨痕。

——《羊道·深山夏牧场》之《林海孤岛》

沙吾列家是我们在吉尔阿特牧场唯一的邻居，却和我们家挨得不算近。得翻过一座小山，穿过一小片野地才能到达。两家之间有一条新走出不久的纤细土路，沙吾列经常一个人沿着这条路孤独地走来。从看到他小小的身子出现在对面山顶，到他终于迈进毡房，中间这段时间足够我深深睡一觉再大梦一场了。两岁的小孩腿太短嘛。加之走路那么认真，假想河又那么多。

多少次午休时光，我感觉已经睡了很久很久，醒来后出门往西边看，沙吾列还在茫茫荒野中微小地走着，耐心又执拗。

——《羊道·春牧场》之《沙吾列漫无边际的童年时光》

在大与小的反差中，人在天地之中的微小与孤独尤其令人感动，古往今来，有多少诗人哲学家用自己敏感的眼睛、敏锐的心灵洞察了这一切啊！

前不见古人，后不见来者。念天地之悠悠，独怆然而涕下！

——［唐］陈子昂《登幽州台歌》

大漠孤烟直，长河落日圆。

——［唐］王维《使至塞上》

千山鸟飞绝，万径人踪灭。孤舟蓑笠翁，独钓寒江雪。

——［唐］柳宗元《江雪》

雾凇沆砀，天与云与山与水，上下一白。湖上影子，惟长堤一痕、湖心亭一点，与余舟一芥、舟中人两三粒而已。

——［明］张岱《湖心亭看雪》

我所居兮青埂之峰，我所游兮鸿蒙太空。谁与我逝兮吾谁与从？渺渺茫茫兮归彼大荒。

——［清］曹雪芹《红楼梦》

同时，李娟还看见生：

有一天我和妈妈单独喝中午茶时，妈妈对我说，强蓬买了一种药回来，喂牲畜的，非常"厉害"。为了强调那种东西的确是"药"，她还专门把家里的药包从墙架上取下冲我晃了晃。

但我不明白"厉害"意味着什么。接着，妈妈厌恶地说道："骆驼牛羊吃了会变胖。"

我吓一大跳，心想，她说的大约是激素之类的什么吧？我听说牲畜的复合饲料里会掺有那些东西。但这种东西怎么可能进入到深山里呢？妈妈弄错了吧？

我说："是治病的药吧？"

"不！"她坚持道，"是长胖的药！"

不管传言是否属实，这个消息听来都很可怕。

实在难以想象，如果有朝一日，牛羊不再依靠青草维持缓慢踏实的生长，而借助黑暗粗暴的力量走捷径的话……那种东西才是最肮脏的东西。

——《羊道·前山夏牧场》之《清洁的生活，富裕的肥皂》

看见死：

在夏牧场美妙的七月，在吾塞最最丰腴盛大的季节里，结束了一天的擀毡工作，斯马胡力为劳动后的人们宰杀了一只山羊羔。据说这正是吃山羊肉的最好的季节。而其他季节里宰杀的山羊肉太膻。宰羊时，我飞快地躲到附近山上的林子里。月光明亮，树林里青翠幽静。我在林子里四处徘徊，望着远处暮色里的火堆，心怀不忍。我认得那只羊，当它还很小很小的时候我就认得了。我记得那么多与它有关的事。当人们一口一口咀嚼它鲜嫩可口的肉块时，仅仅只是把它当成食物在享用——从来不管它的母亲是多么疼爱它，在母亲眼里，它是这世上的唯一……不管它曾经因学会了跳跃而无尽欢喜的那些往事，不管它的腰身上是否有着美丽的羽毛状花纹，也不管它是多么聪明，曾经多么幸福，多么神奇，多么与众不同……它只作为我们的食物而存在，而消失。

小尖刀，鲜活畜。仅仅几分钟的时间，它就从睁着美丽眼睛站在那里的形象化为被拆卸的几大团肉块，冒着热气，堆积在自己翻转过来的黑色皮毛上。它最后的美好只呈现在我们的口腔中……这是不公平的事吗？应该不是的。我知道斯马胡力在结束它的生命之前，曾真心为它祈祷过。我知道，它已经与我们达成了和解。

同时，我还要为它庆幸。只为它的一生从春到秋，从不曾经历过冬天。不曾经历过太过漫长的、摧残生命的严酷岁月。它的一生温暖、自在、纯真。

我很喜爱的哈萨克族作者叶尔克西姐姐也写过关于山羊的美妙文字。她也温柔地讲述了山羊会有的短暂一生。是啊，我们一定要原谅山羊的固执任性，以及它犯下的种种过错。因为无论如何，"它终将因我们而死"。

　　——《羊道·深山夏牧场》之《山羊会有的一生》

看见生与死的统一：

　　天色渐渐暗下来，呵气成霜。我走出毡房，站在坡顶上四面张望。努力安慰自己：这是世上最古老的牧场。在这里，活着与死亡的事情都会被打磨去尖锐突兀的棱角。在这里，无论一个生命是最终获救还是终于死亡，痛苦与寒冷最后一定会远远离它而去。都一样的，生和死其实都一样的吧？其实到头来所有的牵挂都是无用的……

　　——《羊道·春牧场》之《马陷落沼泽，心流浪天堂》

　　……唉，我真是一个又微弱又奢求过多的人。只有卡西和斯马胡力他们是强大又宽容的。他们一开始就知道悲伤徒劳无用，知道叹息无济于事。知道"怜悯"更是可笑的事情——"怜悯"是居高临下的懦弱行为。他们可能还知道，对于所有将死的事物不能过于惋惜和悲伤。否则这片大地将无法沉静、永不安宁。

　　——《羊道·春牧场》之《马陷落沼泽，心流浪天堂》

就这样，李娟用从先贤那里传承而来的人类的慧眼和灵心，看见种种对立，也看见包容万物的统一，她所看见的是对立统一中世界的整体性，这本来是世界的原貌。但这一真相被纷繁复杂的表象遮蔽着，需要非凡的智慧才能洞穿、才能抵达。

让我们跟随李娟伟大的行走和非凡的感悟，多看看世界的真相吧。

夏天真好，太阳又明亮又热烈，在这样的阳光之下，连阴影都是清晰而强烈的，阴影与光明的边缘因为衔含了巨大的反差而呈现奇异的明亮。

——《阿勒泰的角落》之《河边洗衣服的时光》

在北方隆冬的深夜里，火炉是我生活过的每一个低矮又沉暗的房屋的心脏。温暖，踏实，汩汩跳动。冬夜里一边烤火一边看书，不时翻动炉板上的馍馍片儿。渐渐地，馍馍片儿均匀地镀上了金黄色泽。轻轻掰开，一股雪白的烫气倏地冒出，露出更加洁白的柔软内瓤。夜是黑的，煤是黑的，屋梁上方更是黑洞洞的，深不见底。而手心中这团食物的白与万物对立。它的香美与无边的寒冷对立。

——《遥远的向日葵地》之《火炉》

神奇的表达

2012年，李娟的《羊道》荣获第二届朱自清散文奖，授奖词如下：

> 李娟的《羊道》以日常闲话的方式，讲述着哈萨克家庭逐水草而游牧的故事，质朴中有着流丽，平实中有着清新。在李娟的讲述中，庸常性和传奇性浑然一体，给人以异样的审美享受。自然的严酷与柔美，生命的坚韧与脆弱，生存的艰辛与欢愉，在李娟的讲述中难解难分。

究竟是怎样的讲述，能够承载这种对立中的统一，能够洞穿自然、生命和生存的秘密，能够呈现世界的本来面貌呢？

毋庸置疑，李娟的表达是神奇的，是有力量的，这种神奇的力量如何锻造出来？可以学习吗？我们不妨尝试探究和品鉴李娟在语言文字运用方面的特点，看看能否从中找到可资借鉴的语用方法。

首先，李娟在平实而又质朴的语言运用中时不时来点大词小用，单看标题，我们就会发现诸如"伟大的小孩子卡西""神奇的大孩子斯马胡力""伟大的厨子李娟""伟大的扎克拜妈妈"这样的表达，让人感受到普通人身上蕴含着的某种强大力量。

其次，李娟非常善于运用修辞，以下段为例：

> 我怀着无限乐趣（绝对无法忍抑的乐趣！）一次又一次用力剜出一大块细腻洁白的羊油，丢进热锅。看着它面对我愉快地苏醒，看着它丝丝入扣地四面融化，润物细无声。再出其不意扔进切碎的洋葱和固体酱油。香气"啊"地尖叫一声，喜气洋洋地烟花般绽放。毡房被香得微微地鼓胀。赶紧倒清水！浇灭它的热情！于是香气迅速退却到水的内部。盖上锅盖煮啊煮啊，柴火烧啊烧啊。一旁的面团早就等得不耐烦了，暗自变软，并且越来越柔软，越来越柔软……温顺地任我把它切成块儿、搓成条儿、捏成片儿。无怨无尤，躺倒了一桌子。水开了，边开边说："来吧来吧，快点快点！"满锅沸腾，无数只手争先恐后地招摇。我每丢进几块面片，面汤就会稍稍安静一点点。但还是无法安抚。直到"熟"这种力量全面覆盖上来，锅中诸位才满意地、香喷喷地渐渐静止下来。炉火也渐渐熄灭。汤饭如鲜花怒放一般盛了满锅。至于放多少盐，不必操心，我的手指比我更清楚。
>
> ——《羊道·深山夏牧场》之《伟大的厨子李娟》

再次，李娟长于描写，她是一位在描写中走进万物、走进世界的作家，无论是自然世界、生活世界，还是精神世界，都可以通过她的生花妙笔得到完美的呈现，而且，在描写时，李娟不时抒情和议论，借此自由地进入对象的世界，与对象融为一体。让我们随便打开一篇，如《羊道·深山夏牧场》的第一篇《林海孤岛》，文中，李娟这样写树：

> ……两个院子之间的空地上有一棵高大的松树，是这山顶上唯一的一棵树，曾被雷电击打过。一大半树身都烧得焦煳，另一半却异常旺壮。长得乱七八糟，像平原地区的树那样拼命四面分权，都快长成球形了。而其他松树都是塔形的。

这样写房子：

> 我们的木头房子虽然低矮，却不显窝囊，一根根足球粗细的圆木垒得整整齐齐，屋顶平整又结实。别看搭法简单，略显笨拙，但在深山里盖起这样一个小木屋可真不容易。毕竟建筑工具只有斧头和小刀，连锯子都没有。况且还特意修了门槛和屋檐，还用心开凿了一个四四方方的朝南小窗。爷爷家的木屋也挖有窗户，还蒙了层塑料纸。我家则蒙了一块浅蓝色的布，照样亮堂堂。
>
> 为了防雨，房顶上培着厚厚的土层。风吹来了种子，上面便长满青草，开满白色和黄色的花。植物娇嫩的

根梢穿过土层和圆木间的缝隙，长长垂悬室内，挂在我们头顶上方，浓密而整齐的一大片。

这样写山石：

西面的山石层层叠叠，形态万千。布满数不清的洞口、缝隙般的通道以及最高处的平台。这些由于久远年代中的地震而整齐翻起在山脊上的浅色石丛，顺着山脉一路向东蜿蜒了一两公里。如果人群聚居的繁华之地也有这样的好去处的话，会令多少孩子拥有茂盛幸运的童年啊（都可以编几个传说，开辟成景点了）！但这里是吾塞，只有两个男孩和一个女孩阔阔绰绰地占山为王，享受着无穷无尽的探险游戏。

这样写植物：

在山脊的岩石崖壁上，处处生长着开白花的植物。白色花瓣拖得长长的，飘扬在风里。也不知是什么花，其他任何地方都没见过。

生在沼泽里的植物也极美，有着肥润的圆形叶片。沼泽里细腻的黑色淤泥里也纠缠着重重植物根系，使之结实极了，一脚踩进去，顶多陷到小腿。

最后，颇为值得一提的还有李娟的幽默感：

> 爷爷家有一峰骆驼，又高又威风，可不知为什么，脖子上给挂了个塑料酱油壶。还是"七一酱园"牌的。还是有着壶嘴和壶把手的曲线造型，还是一公升半的超大容积……我非常纳闷。如果是为了做标记，这标记未免也太随意了。
>
> 不过还有一峰骆驼更是出尽洋相，不但脖子上缠了四五朵塑料花，耳朵上还各绑了一团红红绿绿的花布，背上还抹了一大团鲜艳的红。时常见它花枝招展、喜气洋洋地在驻地附近走来走去。

以上种种语言运用上的特色熔铸在一起，形成了李娟独有的风格。李娟的书写，不仅高度真实、无比生动地呈现了北疆地理风光和人物活动图景，令人有身临其境的现场感，而且有机融入作者的情感表达和思想态度，能够促发读者的感动，引发读者的深思。

下面我们对李娟的几段文字进行细致的品鉴：

> ……每天下午干完自己的活，趁天气好，总会一个人出去走很远很远。我曾以我们的黑色沙窝子为中心，朝着四面八方各走过好几公里。每当我穿过一片旷野，爬上旷

野尽头最高的沙丘，看到的仍是另一片旷野，以及这旷野尽头的另一道沙梁。无穷无尽。——当我又一次爬上一个高处，多么希望能突然看到远处的人居和炊烟啊！可什么也没有，连一个骑马而来的影子都没有。<u>天空永远严丝合缝地扣在大地上，深蓝，单调，一成不变。黄昏斜阳横扫，草地异常放光。那时最美的草是一种纤细的白草，一根一根笔直地立在暮色中，通体明亮。</u>它们的黑暗全给了它们的阴影。它们的阴影长长地拖往东方，像鱼汛时节的鱼群一样整齐有序地行进在大地上，力量深沉。

——《冬牧场》之《冬牧场》

这一段描写让我们强烈地感受到无穷无尽的旷野与一根一根纤细的白草之间的对比关系，"异常放光"的草地、"通体透亮"的白草和阴影的对比关系。李娟就是这样，看见大、看见小，看见大与小的反差；看见明、看见暗，看见明与暗的对立；而这种反差和对立又统一在这一片辽阔的北疆大地上，李娟由此写出自然的统一性和世界的完整性。李娟的用词和用语是非常精准的，天空"严丝合缝地扣在大地上"，白草"一根一根笔直地立在暮色中"，充分呈现、高度还原景物的特点，不仅如此，她还能信笔融入自己独特的感官体验、情感和思想："多么希望能突然看到远处的人居和炊烟啊！可什么也没有，连一个骑马而来的影子都没有。""它们的黑暗全给了它们的阴影。""它们的阴影……整齐有序地行进在大地上，力量深沉。"不能不说，李娟是景物描写的高手！

　　第三天同样是凌晨三点起床。同样持续了一个多小时的早茶，并在昏沉夜色里拆帐篷、打包、装骆驼。同样在满天星斗的浓浓夜色中，我们朝着沉入地平线一半的猎户星座启程了。与此同时，月亮弯弯地挂在东方。

　　同样还是在行走中伴随着太阳缓慢而威严的出升。太阳未出时，全世界都像一个梦，唯有月亮是真实的；太阳出来后，全世界都真实了，唯有月亮像一个梦。

　　驼队和羊群默默前行，似乎已经习惯了这样漫无尽头的跋涉……

　　　　　　　　　　——《冬牧场》之《三天的行程》

　　这是写深沉夜色与红日初升的交替，把比喻和对比两种修辞手法巧妙组合、融为一体，写得极其精准而又充满个性，实在高妙。当然这一切，是以她独特的感受力和思考力为基础的。

　　南下跋涉的头一天上午，我们的驼队和畜群长时间穿行在没完没了的丘陵地带。直到正午时分，我们转过一处高地，视野豁然开阔，眼下一马平川。大地是浅色

的，无边无际。而天空是深色的，像金属一样沉重、光
洁、坚硬。天地之间空无一物……像是世界对面的另一个
世界，像是世界尽头的幕布上的世界，像是无法进入的世
界。我们还是沉默着慢慢进入了。

走在这样的大地中央，才感觉到地球真的是圆的——
我们甚至可以看到大地真的在往四面八方微微下沉，我们
的驼队正缓缓移动在这球面的最高点。

——《冬牧场》之《冬牧场》

这是写浅色大地与深色天空的呼应和组合，这是一个
"空无一物"的世界，"像是无法进入"，而我们却"慢慢进
入"了。李娟笔下的对立统一关系不仅体现在世界的整体性
上，还体现在人地关系的统一性上，这是一种哲学式的世界
观，李娟可以说是个哲学家，她用独特的感受力和深入的思
考力支撑起了一个哲学家的表达，由此展现自己的个性和创
造性。

无论如何，寒冷的日子总是意味着寒冷的"正在过
去"。我们生活在四季的正常运行之中——这寒冷并不是
晴天霹雳，不是莫名天灾，不是不知尽头的黑暗。它是
这个行星的命运，是万物已然接受的规则。鸟儿远走高
飞，虫蛹深眠大地。其他留在大地上的，无不备下厚实的

皮毛和脂肪。……寒冷痛苦不堪。寒冷却理所应当。寒冷可以抵抗。

——《冬牧场》之《冷》

这是在写人与环境的关系，写人的价值、生命的意义和文明的奥秘。读到这里，我会联想到另外一位新疆作家、发掘并鼓励了李娟的刘亮程在《寒风吹彻》一文中所写的："每个人都在自己的生命中，孤独地过冬。"与之相比，李娟笔下的寒冷是暖色系的，是充满着希望的。

细细读来，我们会发现，李娟的描写与其说在写对象、写环境，不如说是在写世界、写"我"、写文化，她对自然世界中的大与小、明与暗等对立统一关系格外关注，在高度还原景物特点的基础上写出世界的整体性；在景物描写中融入自己独特的感悟和思考，写出"我"的个性和创造性；尤其注重环境中的人，在人和环境的关系中体现生命的意义和文明的价值，写出文化性。这三种写法随意组合、三大特点综合呈现，我们可以把它称为李娟风格。李娟风格，表现在真实而又生动的呈现，浅显真切又深邃远大的哲思，和丰盈充沛的诗意。

当你在城市的拥挤和喧嚣中感到压抑焦灼，你是否向往远方一望无际、一洗眼目的森林和草原？当你因深陷于繁复杂沓的人事而不安疲惫，你是否渴望人与人之间简单淳朴而又真挚深沉的情感？当你倍感工作和生活的重压，你是否需要从那些紧贴大地的顽强生命中汲取坚持的力量？当你在高高耸立的楼群之间行色匆匆，你是否想要唤醒那日益迟钝的感官、日益淡漠的心灵、日益世故的头脑、日益平庸的思想？

你所需要的一切，这里都有，这里是"李娟的语文世界"。

小结

几十年来，李娟用各种各样的方式行走在北疆，用脚步丈量，策马驰骋，坐摩托车穿越，坐公用车颠簸，为了谋生，为了记录。她笔下壮阔的北疆，是世界最初的模样，是我们心驰神往的远方；她笔下游徙的生活，是人类最早的探索，是我们魂牵梦绕的故乡。

李娟有独特的思考与体悟，为其注入灵魂；有灵动的叙述和描写，为其插上翅膀。

朋友们，阅读李娟吧，让明亮的北疆风光慰藉你的眼眸，让古老的游牧生活洗涤你的心灵。